市教育科学规划项目《以实践为特征的教师"适合研究"的理论与实践》(课题
和《初中历史情趣课堂的建构与实践研究》(课题编号:201911987)研究成果。

微言
情思教育

WEIYAN
QINGSIJIAOYU

陈洪义　陈　萍◎编著

哈尔滨出版社
HARBIN PUBLISHING HOUSE

图书在版编目（CIP）数据

微言·情思教育 / 陈洪义,陈萍编著.—哈尔滨:
哈尔滨出版社,2021.3
ISBN 978-7-5484-5962-0

Ⅰ.①微… Ⅱ.①陈… ②陈… Ⅲ.①教育工作
Ⅳ.① G4

中国版本图书馆 CIP 数据核字 (2021) 第 059063 号

书　　名：微言·情思教育
WEIYAN · QINGSI JIAOYU

- -

作　　者：陈洪义　陈　萍　编著
责任编辑：曹雪娇
封面设计：笔墨书香

- -

出版发行：哈尔滨出版社（Harbin Publishing House）
社　　址：哈尔滨市香坊区泰山路82-9号　　邮编：150090
经　　销：全国新华书店
印　　刷：武汉颜沫印刷有限公司
网　　址：www.hrbcbs.com　　www.mifengniao.com
E-m a i l：hrbcbs@yeah.net
编辑版权热线：（0451）87900271　87900272

- -

开　　本：710mm×1000mm　　1/16　　印张：13　　字数：190千字
版　　次：2021年3月第1版
印　　次：2022年8月第2次印刷
书　　号：ISBN 978-7-5484-5962-0
定　　价：46.00元

- -

序 言

陈洪义

情思教育关注"人"，服务"人的成长"，分别从人的"情感"培育、"思维"生成、"行为"培养来彰显教育的社会价值和实践意义。在"情思教育"四个字中"教育"一词强调教师工作目标的定位上要突出育人，包括学科育人和德育育人；"情思"一词有两层含义。

第一层是解决培养什么人的问题。情，情感；思，思维。"情思"两个字告诉我们，要培养的是有情感、会思考的人。内在情感是"是否会做人"的关键，情感之中最重要的是要有正确的价值观念和家国情怀，这是学生成人的必备品格。内在思维是"是否会做事"的关键。思维品质是思维活动中智力和能力在一个人身上的集中表现，又叫思维的智力品质，其实质是思维的个性差异与特征。思维品质具有五个特征：深刻性、灵活性、创造性、批判性、敏捷性。思维品质好、思维力强的人必定是会思考能做事的人，所以，思维品质和思维能力是学生成才的关键能力。概而言之，情思教育强调的培养目标就是培养具有必备品格和关键能力的会做人、善做事的人。

第二层是解决如何培养人的问题。"情思"两个字的直接目标指向是行，引情、启思、促行是情思教育活动路径的三个关键元素。什么是核心素养？有人说，"核心素养就是学生在学习某个知识若干年之后，当他把知识全部忘记掉，而剩下来的东西"。笔者认为，这所谓"剩下来的东西"实际上是一种关于思想和行为的"本能意识和能力"，这种"本能意识和能力"就是素养。因此，要有效把教育教学活动中实现的学生的必备品格和关键能力，顺利转化为学生的本能意识和行为能力，才能保证核心素养的真正落地。情思教育中的情思交融是教育活动的方式和路径，学生在情思交融的教育场境中达到情感认同和认知认同之后，通过促行的行为体验和强化，最终顺利地将情与思转化为行，即转化为潜在本能和新本能（包括本能意识和行为能力的提升）。育人的重点之一就是育脑，育脑就要遵行脑科学的原理，要遵循大脑的结构特点和大脑的神经元活动规律。在教育理念上，笔者提出基于脑科学的以深刻为特征的情思深度学习理论和情思三元场境理论；在教育的实践上，笔者提出以境悟为特征的"入境—融境—悟境—出境"情思适性教学实践路径和以"行教正行、言教正行和身教正行"为路径的情思柔性德育正行路径。

情思教育是基于学生核心素养发展的一种新教育理念。情思教育用什么内容来培养人呢？情思教育认为育人和育分不应该是"平行线"，就其情思德育和情思教学两个组成部分来说，基于德育，情思教育强调活动育人、环境育人，强调情思交融的浸润式、感召式、唤醒式的境悟中实现润物无声的无痕教化；基于教学，强调学科育人，而学科育人强调课堂教学的定位要由学科教学转向学科教育。这个转向不是反对向课堂要分数，不是反对对升学率的追求，而是反对过去只育分不育人的唯分追求，反对以牺牲学生的健康成长与生命成长来获取分数和升学率的做法。就像对 GDP 的追求一样，不能以牺牲老百姓的利益和牺牲环境为代价来片面追求 GDP 的增长，而应当发展以可持续发展为特征的绿色 GDP。同理，学科育人追求的是可持续的绿色分数和升学率，主张学科教学中要以育人来育分，把育人与育分统一起来，实现学生的全面成长。因此，学科教学内容的选择和重构就显得非常关键，尤其是要在注重学生的学科思维能力这个关键能力培养的基础上，植入更丰富的情感价值元素，让学科内容与社会、与生活有效连接，让学生了解社会发展、社会进步，让学生理解生活、热爱生活，让学生具有爱国情操、理想信念。概而言之，情思教育理念下教学内容的确定与组织应当有新的视角和要求，主要体现在：要把知识作为获取思维方法与形成能力、品格、价值观的内容载体，而不是作为教学的主要目的；应当将单一的知识转化为结构化、体系化、生活化的活知识；同时，更要对知识的价值性再做判断，要从知识的价值性出发，寻找真实的问题与情境，让学生在真实的问题与情境中体验与感悟，在真实问题解决的深度学习体验中，形成思维方法、品格修养，完善价值理解和判断。

笔者在 20 多年的教育实践中，一直且行且思进行情思教育的实践与探索，渐行渐远，不断丰富与完善情思教育的思想与内涵。对笔者而言，对情思教育的坚持，实质就是对教育初心的坚守。情思教育探索志在不忘教育初心，探寻教育原点回归之路。其出发点和落脚点就是要探寻基础教育中育人与育分相互脱离的现实问题，尝试建立起两者相通圆融的渠道，构架起学生全面发展的立交桥，实现单向度"育分"到全方位"育人"。情思教育在本质上是基于核心素养的因脑而教，重点围绕"培养什么人""如何培养人""用什么培养人"的问题，在学科教学与综合德育两个领域从以下三个方面下功夫：引情、启思、促行，让这三个教育元素在日常教育教学活动中有效融合，营造情思交融的教育场境，基于教育支架的运用促成境悟成长，育分不忘育人，强化本能，发展素养。

目录

第一章
DI YI ZHANG

我创"情思教育"

● 微按

　　教育作为科学，首先是人的科学，所以，教育者首先要研究"人的科学"。"情思教育"价值取向就是人，强调建立有根的课程、课堂和教育。此章之"我"，作为"情思教育"的倡导者，在 20 多年的"情思教育"实践探索中，我们一直坚持"让理论创新书写在教育教学改革实践的大地上"这一理念，且行且思，"一路风景一路歌"，取得理论突破和实践提升的兼得之美；作为研究型的教育实践者，我们探索出的理论的建构虽然有些稚嫩，甚至理论的表达不那么严谨，但由于其来源于实践，又在实践中得到很好的验证，所以，在教育实践中具有很强的生命力。

第一节 "情思教育"访谈 [1]

据悉，广州市基础教育高端人才引进对象、增城区荔城中学陈洪义，20多年坚持以"情思教育引领自己对教育的情与思"，带领情思教育团队取得理论研究和教育实践的丰硕成果。继"情思历史"获2017年广东省教学成果特等奖和2018年国家级教学成果二等奖，2020年"情思教育"又获广东省中小学教育创新成果一等奖。2020年，陈洪义入选"全国首届李吉林卓越教师支持计划"获奖教师。

方向与行走：让"情思教育"引领教育的行与思

记者：什么是"情思历史"？从"情思历史"到"情思教育"，您认为新成果的突破表现在哪些方面？

陈洪义："情思历史"是一种基于核心素养的历史教学主张。其教学成功的意义在于改变了传统教学课堂的结构要素，引起传统课堂教学结构的变形、换位、重构等变化，实现课堂活动中的"情"与"思"的统一，使"历史学习"成为"一种引导下的创造"。"情思课堂"既重认知，又重情意，需要教师唤醒动机，激发兴趣，以情促思，以思引情，使学生实现情感层面上的"乐学"和理性层面上的"善学"。构建情思课堂的关键在于寻找"情"与"思"之间的最佳结合点，然后通过搭建情境体验与问题探究的"脚手架"，让历史教学在"情""思"相融相促中走向高效。

而"情思教育"在融通不同学科、学段的教学实践基础上，形成了普适性情思教学理论与实践体系。我们还基于因脑而教的教育原理和情思行合一的教育原则，进行了学科教学与德育的融通实践，并在实践中建构起一个更有实践推广性的育人、育分同线接力的完整的教育模型，有利于学生素养的全面发展。所以，如果说"情思历史"只是一个点，那么"情思教育"就是一条线，"情思历史"是"情思教育"线上的一个重要节点。

记者：什么是"情思教育"？能否简要介绍一下"情思教育"的基本内涵和主张？

1　此文发表在广东教育《师道》2021年第1-2期。作者：龙建刚。

陈洪义："情思教育"是针对教师中习惯"育分"，疏于"育人"，造成课程育人功能发挥不足而提出的一种教育理念和主张。"情思教育"以立德树人为标，以课程育人为径，融通教学与德育体系，探索形成育人与育分同向接力的课程综合化实施模型。

"情思教育"坚持核心素养下因脑而教的教育理念，以"三重脑"理论为学理依据，教学与德育强调融通情感、思维、行为之间的意义链接，借助认知学习和建构主义理论支架，构建情思行合一的教育场境，引情、启思和助行，多维激活学生大脑正面和正向功能，助力学生活化认知，形成经验，催生素养。我想，"情思教育"解决教育问题的关键落点主要有两个：一是如何实现学生的全面发展；二是如何实现育人与育分的协调发展。

记者："理论创新源于实践、始于问题"，请问，"情思教育"是基于您对什么样的教育现实的思考提出来的？

陈洪义：我在多年的教育实践观察中发现，在长期应试教育的影响下，一方面，教师"教教材"、唯教材论教成为普遍的教学常态，导致教师的课程内容延展多停留在学科知识拓展与解题思维强化上，人文元素的链接和育人因子的植入，在课程内容重构中往往缺乏主动，课程实施灵活不足。立德树人时代，学科教学向学科教育转身，要求我们打破思维禁锢，课程内容处理要有更强烈的育人主动，努力实现学科课程向社会、生活与自然的科学延展。

另一方面，应试教育环境下，部分教师重教学、轻德育，往往把德育定位在为教学保驾护航上，导致德育和教学同向不同行，无法形成德育与教学的接力跑，直接影响学生综合素养和学业成绩的提升。所以，如何融通德育和教学两张皮，发挥两线同育应有的功能，以育人强化育分，成为我们的教育实践中一个值得期许的方向。

面对重育分、轻育人，重教学、轻德育的教育短视行为，要实现学科教学向课程育人转身，融通育人和育分，我们认为突破的关键不是围追堵截，而是科学建构与引导。科学建构的关键：要以立德树人为标，以课程育人为径，找到学科显性课程与德育隐性课程的融通渠道；要探寻课程学习中育人与育分同向接力的融通路径，以及课程实施中学生情感、思维、行为协同发展的融通轨道。

记者：坚持"理论创新与教育实践"同行，让教育理论突破书写在教育创新实践的大地上，是"情思教育"研究不断深入的重要原因和显著特点。请问，20多年"情思教育"的理论建构和实践验证经历了一个怎样的过程？

陈洪义：为了解决"情思教育"的系列问题，包括"情思教学"和"情思德育"的实施、两者的有效融通和"情思课程"融构等问题，我们团队研究攀行了六个阶梯。第一阶梯：探索"情思德育"的实施路径。第二阶梯：探索"情思历史"的教学模型。第三阶梯：探索"情思教学"中突破学情界限的路径。第四阶梯：探索"情思教学"与"情思德育"的融通路径。第五阶梯：探寻"情思教育"的科学原理和学理依据。第六阶梯：开发"情思课程"，拓宽情思育人的渠道。

为什么是阶梯不是台阶呢？台阶与阶梯的不同主要体现在：台阶，每一级都有起点和终点；而阶梯，只有起点，没有终点，一直不断向前沿伸。对于"情思教育"实践研究而言，从 2000 年起，我们对每一个问题的研究，始终是只有起点而没有终点的实践探索，是一个基于实践的不断深化和完善的渐进过程。我想，只有起点，而没有终点，这也许就是一线教师做实践研究的一个重要特点。

深耕与创新：万物皆有缝隙，那是光照入的地方

记者："情思教育"在多年的实践检验中不断丰富和完善，模型成熟，可操作性强。请问，"情思教育"主要的实践模型有哪些？

陈洪义：基于因脑而教原理和情思行合一原则，我们在实践探索中凝练出了完整的情思教育运行模型。其完整性主要体现在：课程教学有效组织与课程内容重构统一；学科教学实践与德育践行统一；操作流程概括与原则要义提炼统一。

一是形成了完整的课堂教学模型：情思教学四境。情思教学强调基于学生心智发展的不同，教学内容处理和教学方式运用的适切性。教师支架作用主要体现为两点：一是课程内容的适切性处理；二是教学组织的适切性运用。

课程内容处理上，要求教师将学科内容充分与学生社会生活意义连接，连接方式是可以把学科内容以项目驱动形式融入生活探究中，也可以把课外生活内容融入到课堂学习之中，拓宽课程内容的思维宽度和提升课程内容的育人温度。教学组织要以"境"为线，依据教育学、心理学、逻辑学相关原理，借助教师提供的情绪支架、思维支架、转换支架、迁移支架，引导学生学习渐次实现入乎其内、沉乎其中、得乎其里、出乎其外。

二是形成了完整的德育正行模型：情思德育三行。基于心理学"同理认同

原理""顺利者效应""镜像原理"等理论，根据因脑而教下的情思行合一原则，在大量德育实践中，我们凝练出言教正行、身教正行和行教正行的德育正行路径。言教正行以言事说理为德育端口，身教正行以镜像识行为德育端口，行教正行以行易知难为德育端口。

情思德育正行路径的提出有两大意义：一是基于人的成长变化和德育工作的复杂性和反复性，在德育正行中明确确立了"言教""身教""行教"都只是德育的端口，以此强调后续相应的德育行动的必要性；二是从端口之入到育人之出，强调引情、启思和助行的交互深入，情思行合一，层层深入，让学生大脑神经元的不同区间共情共振，最终达到德育正行的良好效果。

三是形成了情思教育的操作规程："五原则""四要义"。教育原则是教育活动的基本原理和要求。情思教育的操作原则包括：以生为核原则、情思统一原则、智行合一原则、文质相适原则和闭合循环原则。基于这些原则形成的课堂要义包括"感、融、悟、创"四个阶段。感就是整体感知（宏观），强调对事物的整体性认识；融就是交融，情思交融之意，强调多维度、立体式问题探析；悟，就是参透，理解，强调洞察事物规律；创，指能创造性分析和解决问题，具有良好的创新意识和潜能，强调活学活用，发展情智素养。

记者：好理论来自扎实的实践。经20多年实践凝练的"情思教育"的理论创新主要表现在哪些方面？

陈洪义：我们在教育改革实践基础上，借助脑科学、心理学和教育学相关理论，建构了融通统一的"情思教育"理论体系。

一是基于因脑而教原理提出"情思行合一"的教育思想。情思行合一是情思教育实现因脑而教的学理保证。据此，我们提出"好教育是情感、思维和行为共同发展的过程"的观点。**二是"知行合一"思想中提炼出"情感中介"的变量元素。**情感与情绪在知与行之间充当中介变量的角色，情感与情绪介入激发的动机、意志变量，能缩短知与行之间的距离，从而取得良好的教育效果。我们把这一发现创造性地运用到教育实践中。这一发现很好地诠释了情思教育的本质意义，成为情思教育思想的关键内核。**三是提出"情思深度学习"思想。**情思深度学习理论最重要的变化是深度标准判断维度定焦在课堂学习观察上，是从学的过程而不是从教的过程来观察学生学习的深入与否，因此，以学为本是其重要特征。根据脑神经系统中神经元之间的连接、交融、循环的特性，我们提出：观察学生课堂学习中的建构活动是否处于深度学习状态有三个主要观察维度：学习思维活跃度、学习情绪投入度、学习行为专注度。课堂学习效果集中体现在三者之间的交融程度上。**四是提出"情思三元场境"思想。**大脑心智传感线交互传导能力的强弱，取决于教育场景与生命成长，即教育意义（旧经验、知识）链接的紧密程度。所以，我们提出"场境营造的关键，是要有效寻找教育场景与生命成长的意义链接"。

风景与远方：舞动情思双翼，放飞情思育人梦想

记者：理论能否落地生根，关键是要与实践相融。"情思教育"成果在实践运用过程中形成了什么特色？

陈洪义：我们坚持且行且思、理论与实践同行的研究思路，建立起点线面融通的"立体型的成果实践体系"，多维有序深入，确保在成果应用中实现：研究有深度、影响有宽度和提升有高度。一是课题研究为点：进行选点研究，深化运用。进行了 8 项省级、36 项地市级课题成果选点定实践。课题选点包括情思教学、情思德育、情思课程、情思管理、情思备考等，涵盖不同学科、学段。二是团队活动为线：组建团队行动，结网实践。建立了情思教育研究联盟、教师工作室、情思工作坊等，成员人数总计达 800 多人，分布在全省 7 个地市，在全省范围内结织起一条情思教育应用网络。三是实践基地为面：建立应用区块，系统实践。先后在湛江建立 7 个、增城建立 3 个实验基地，因地制宜选点，在深化课程建设、课堂改革、德育建设等方面加强情思教育实践。例如，郑中钧中学以情思管理和情思德育为点，打造文化立校的品牌，取得显著效果。有了学校行政资源的保障，每个学校就是一个成果应用区块，保证了应用实践的系统深入。

我们在实践中还开发了情思综合素养评价工具，从情感、思维、行为三个维度共设立十几个综合素养指标，通过加强成果应用中的过程诊断，对成果应用价值与达成现状进行数据分析和及时调整。

记者：教育理论的核心价值，最终体现在其对教育引领和助推作用上。"情思教育"经 20 多年实践，取得了哪些明显的实践效果？

陈洪义：辽宁师范大学教育学院在读博士、特级教师张华中撰文说："情思教育是活教育的当代阐释。"北京退休特级教师张道林老先生也曾撰文说："情思教育理论体系完整，论述十分精到，对当前教育教学很有指导意义。""情思教育"研究成果丰富，出版系列化著作 13 部，建立起"实践—理论—实践—

成效"的成果链条，内容包括：情思教育理论、情思教学操作、情思德育操作、情思课程开发、师生成长等。这些理论与实践融合的著作链条，共同构建起情思教育的五大成果体系：理论、原则、模式、实践、素养。

成果的实践运用成效主要表现在：第一，助力学校管理转型升级，办学质量攀升明显。作为情思教育实践原点学校，岭南师范学院附属中学把情思理念融入到本校教研管理工作中，创造了积极向上的教研文化，成为全省校本教研的品牌学校。郑中钧中学情思教育选点实践的主要方向是情思德育，基于情思行合一原则，形成了以开放、融润、自主、化育为特点的开放性生态系统。第二，助力学生综合素养发展，育人育分同向前行。情思行合一原则较好地解决了教育实践中缺情少思，尤其是忽视情感作用导致学习动力不足的问题。同时，由于情思学习重视了助行支架的运用，学习助力有了实质保障，对学习意志、品质一般的学生，起到了较好的督学和助行作用，可以较好地促进学业成绩。第三，助力区域教师理念更新，专业提升效果显著。情思教育团队中 50 多人次获国家或省市级荣誉和奖励，13 位教师形成了自己鲜明的教学风格。杨汉坤说："回顾自己 12 年的成长经历，真的很庆幸在情思教育的助力下实现了自己曾经梦寐以求的破茧成蝶。"

记者："情思教育"成果在《中国教育报》《教育文摘周报》《广东教育》《师道》等媒体被多次报道，成果应用在国内取得广泛而积极的实践价值和社会影响。"情思教育"团队实践是否还会有新的规划和目标？

陈洪义："情思教育"在实践中取得了可喜的成效，也得到教育同行的广泛认可，社会影响力也越来越大。广东教育学会拟在全省建立一批"情思教育"实践基地，以更好地发挥成果引领价值。情思教育团队一方面，将加强与广东教育学会的深度合作，且行且进，以建立实践基地为契机，进一步深化成果的区域辐射作用；同时，基于相关脑科学和教育学、心理学原理，在实践中进一步丰富和完善"情思教育"理论体系，为一线教师教育改革提供更加成熟的原理、模型，为立德树人时代教育改革做出自己的贡献。

另一方面，情思教育团队在 20 多年的研究实践中形成了一套基于草根的情思研究方式，即"以实践为特征的'适合研究'"模型。"适合研究"以教师的需求层次和最近发展区理论为依托，借力合适的研究支架，助力教师在解决教育教学的实际问题中实现教师成长。目前，我们团队在实践中探索形成了以基于实践、围绕实践和为了实践为特征的"基于教学现场的教学力提升""以实践为特征的教学观课议课""以实践为特征的教学论文写作""以实践为特征的教育课题研究""以实践为特征的教学成果凝练""以实践为特征的教学风格凝练""以实践为特征的教学思想凝练"等实操模型。我们将进一步在情思"适合研究"实践中进行实践探索，以为更多一线教师能以研究的方式进行教育教学实践提供适用的支架。按我们团队成员韦霞校长的话说，我们"情思教育团队"一直沿着情思方向行走，努力演绎"一群人、一件事、一条心、一起拼、一定赢"的风景。

第二节 "情思教育"理念[1]

人类社会发展到今天，积累了丰富的知识财富并进入信息时代，正处于瞬息万变之中。在有限的学校教育阶段，"教什么"对教育工作者来说是异常重要的核心问题。情思教育认为，世界是个整体，知识之间是互通的，不管课程内容如何变化，怎么教，对教育者来说都是一个不可回避的重要课题。德国教育学家第斯多惠说：教学的艺术不在于传授的本领，而在于唤醒、激励和鼓舞。学科育人，离不开对学生"情"与"思"的点拨与提升。教学中需要不断唤醒学生的情感体验，不断激励、鼓舞学生进行智慧探究，以此引领学生走向深度学习，形成学生的核心素养。

一、核心素养与深度学习

培养什么样的人是教育的首要问题。为了落实立德树人的根本任务，顺应世界教育改革发展潮流，提升我国教育国际竞争力，2016 年教育部发布《中国学生发展核心素养》总体框架，明确指出学生应具备的、能够适应终身发展和社会发展需要的必备品格和关键能力。素养不是空中楼阁，只有与学科教学结合起来，才能真正落到实处。在学生发展核心素养的指导和引领下，开发出学科核心素养，才能彰显学科教学的育人价值，使之自觉为人的全面发展服务，为人的终身发展服务。

核心素养概念的提出，颠覆了长期以来的"知识本位"教学观，是育人模式的重大变革。当我们把核心素养落实到实际教学中去时，遇到的核心问题就不再是传授知识这么简单，而是如何利用不同类型的知识、情境培养学生的核心素养。核心素养成为学科壁垒的"溶化剂"，各学科教学有着更加具体统一的目标，并最终实现统筹统整，学科教学由此升华为学科育人的过程。

如果说核心素养是对学习者学习成果的外在规定和方向，深度学习则体现了学习者学习过程中的内在状态和层次。学习是一个由浅入深的过程，美国教育家布卢姆的教育目标分类理论包含了学习的层次性，可谓深度学习的最早萌

1　此文发表在《教师研修》2020 年第 3 期。作者：陈洪义、陈靖（情思历史研究项目成员）。

芽。1976 年，美国学者马顿和塞廖基于大学生阅读能力测试的实验，明确提出浅层学习和深度学习的概念。前者是对知识的孤立记忆和非批判性接受，后者则强调为理解而学习，主要表现为对学习内容的批判性理解，强调和先前知识与经验的连接，注重论证的逻辑关系以及结论与证据的相关性。

多数学者对深度学习的研究侧重于强调思维的深度，认为深度学习就是运用高阶思维的认知活动。而教育部基础教育课程教材发展中心"深度学习总项目组"则将"深度学习"界定为：在教师引领下，学生围绕着具有挑战性的学习主题，全身心积极参与、体验成功、获得发展的有意义的学习过程。在这个过程中，学生掌握学科的核心知识，理解学习的过程，把握学科的本质及思想方法，形成积极的内在学习动机、高级的社会性情感、积极的态度、正确的价值观。可见，新定义下的深度学习不仅包括思维的深度，也包括情感的深度，由此打通了指向发展核心素养的路径，实现了深度学习与发展核心素养的有机结合。可以说，培养学生核心素养是深度学习的目标指向，深度学习则是培养学生核心素养的重要途径。

现实中外在的核心素养与内在的深度学习如何实现衔接统一呢？答案自然是教师的课堂引导。文起八代之衰的韩愈曾在《师说》里对教师的职责进行了准确的定位："师者，所以传道受业解惑也。"解惑、授业、传道是层层递进的教育三阶段。解惑，解答学生的疑难问题，这是教师点石成金、洞悉学生心理状态、干预学习进程的最佳契机。授业，即教授学业，其实是教师向学生传授系统的理论体系的过程。传道的含义最为神妙，绝非传授道理这么简单。"道"是中国传统文化中最具概括性的文化符号，其深刻寓意实非笔者所能阐述。就古圣贤注重"天人合一"主张顺应天道的独特思维来看，"传道"包含了丰富的人生观、价值观的内容。传道、授业、解惑既是将单一的知识、碎片化的知识转化为结构化、体系化的知识的过程，也是将各学科各领域的知识整合生长为情感态度价值观的过程；既是教师引领学生进行深度学习的过程，也是核心素养培养的过程。

二、深度学习与情思教育

深度学习的内涵界定不仅指向思维的发展，同时也指向学生正确情感价值观的养成，这与情思教育关注的焦点十分契合。情思教育强调引情启思，以思促行，其核心理念是教学过程中强调认知过程中情感与思维的统一，致力于探讨教学中积极情感价值观与高阶思维之间的良性互动发展过程。换言之，揭示深度学习中思维和情感两大因素的发生互动机制正是情思教育的追求。

不少人支持"情感—思维"的二元对立论，认为情感与认知之间是分离的，情感会影响人们不偏不倚的判断和认知。心理学家伊斯特布鲁克的研究证明："人在情绪饱满的时候，能更快地理解词语之间的异常关系，提取带有相应感情色彩信息的速度加快，因而能更敏捷地思维。"[1]

新进的神经科学研究也显示，情感是人类决策不可避免的组成部分，那些丧失情感反应能力的病人，也许可以在认知层面处理信息，但常常很难把信息转化为行动或做出决定[2]。总之，理性无法离开情感，没有情感人们甚至无法思考。

而情感也无法离开认知和理性。情感包含认知，人类情感的产生与对事件的认知有关。《苏菲的世界》里提到这么一个假设：一天早上，爸、妈和幼儿小同正吃早餐。这时爸爸晃晃悠悠飞了起来，在天花板下漂浮。我们来猜猜妈妈和小同的反应：妈妈极可能尖叫一声吓晕倒地，因为在她的认知里，人是不能飞的，爸爸的反常让她惊厥；而小同还不确定人类能做些什么或不能做些什么，所以很可能会兴奋地挥舞着汤匙冲着爸爸哈哈大笑。

正是思维与情感这种相互依存的关系赋予了教学无穷的魅力与乐趣。无论是情思教育还是深度学习，都要充分挖掘课堂教学中学生高阶思维与道德情感的生成机制，探索发展学生核心素养的最佳途径，两者可谓不谋而合，殊途同归。

1　R.M.Sorrention ＆ E. F. Higgins，Handbook of Motivation and Cognition［J］. Guilford Press，1986，240（1）.

2　袁光锋."情"为何物——反思公共领域研究的理性主义范式［J］.国际新闻界，2016（9）:104-108.

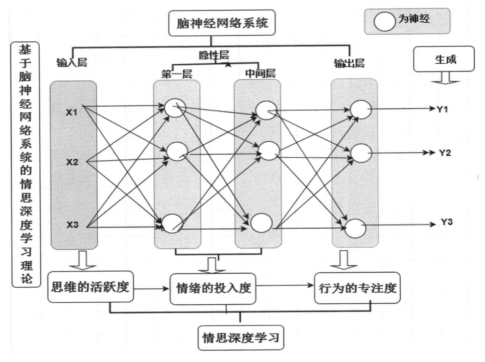

情思教育与深度学习相融的情思深度学习理论认为，学生的课堂深度学习主要体现在学生具体的学习过程中，从过程的深入保证结果的深刻。基于大脑神经系统中神经元之间的连接、交融、循环的特性，观察学生课堂学习是否处于深度学习理应有三个观察维度：学习思维的活跃度、学习情绪的投入度、学习行为的专注度。这三者之间构成三角形形式的稳定逻辑关系，课堂学习效果集中体现在三者的交融程度上。教师在课堂教学中的学习助行理应集中于基于学生学习的最近发展区，为其学习情绪的投入、思维的活跃和行为的专注提供合适的支架。

三、情思理念与教学改进

2007 年，上海市青浦实验研究所组建项目组对该区初中数学进行学习目标水平分析测量。项目组将学生的认知能力扩展分为"已知"（学生对所学内容已理解掌握）、"能知"（学生对所学内容通过自身努力能理解掌握）、"迷思"（学生自以为对所学内容理解掌握，实则误解）、"潜能"（学生对所学内容能理解掌握，但只凭自己努力做不到，需要他人帮助）4 个区。在随机抽取的 18 节常态课中，75%的课堂停留在前两区，15%多一点的课堂处在第三区，而到达第四区的课堂不到10%。不仅数学课如此，语文等学科的抽查结果也大致相同[1]。这说明多数教师在教学过程中忽视学生对学习过程的体验、对学习内容的探究性和批判性理解与迁移能力的培养，导致学生学得被动、学得浅，没有发生深度学习。

基于核心素养的发展要求，学科教育要努力引导学生攀爬三座大山：情感大山、思维大山和行为大山。基于深度学习的理念，学生攀爬三座大山的高度往往是由学习过程中学生情绪的投入度、思维的活跃度和行为的专注度决定的。以情思教育理念引导学生的深度学习，引情启思和以思促行，能有效凸显学科育人的时代价值和追求。

（一）引情：课堂理念从学科教学走向学科育人

教育的终极价值就是促进心灵的丰盈和健全，时下的理解就是培养学生发展核心素养[2]。我们的课堂既要"仰望星空"，也要"脚踏实地"。"仰望星空"就是对教育教学终极价值的追问与追求，对培养学生核心素养的思考与探索；"脚踏实地"就是结合学科特质和教学内容，引导学生进入深度学习，将核心素养的培养落实到每一节课。

对上海青浦区的调研显示，当时该区只有25%的课堂达到"迷思"或"潜能"区，即学生的"最近发展区"，在实现学生的深度学习方面取得较好效果。那么，究竟是什么原因令这25%的课堂显得如此卓尔不群呢？项目组指出的两点原因让笔者深以为然：一是教师基于前端分析的任务设计精准，具有较强的针对性和层次性，教学逻辑知识主干清晰；二是教师的教学对象感强，总能熟练运用多种策略和方法恰到好处地在学生学习的困难处、迷思处、企及不到处予以启发和点拨，使每个学生的深度学习得以真正发生。

有经验的教师都有切身体会，教师讲得多、讲得深并不代表学生学得多、学得好。深度不是难度，深度学习不是难度大的学习，也不是容量大的学习，而是建构主义学习理论所强调的那样能够唤醒学生原有的知识经验生成意义、建构理解的学习。这要求我们首先对学情有深入的了解。这个学情了解一方面包括学生的学习认知特点和情况的了解，也就是能根据学生心智发展现状有效

1　朱连云.导向深度学习的教学变革［J］.人民教育，2019（3-4）：62-65.

2　耿建.构建指向核心素养的深度课堂评价的若干思考［J］.教育探索，2019.（4）：33.

拨动学生的学习心境。虽然教育心理学已揭示相同年龄阶段的学生有着相近的心理和认知，但每一届学生的精神气质都存在差异，每个学生的性格与认知特点也不一样。学生并非白板，他们是带着各自思维方式和缄默知识进入课堂的经验个体，教师在教学中应尽可能关照学生的生活经历和情感体验，关注学生个性差异和思维情感的生长点，关注学生心灵的成长。

另一方面，学情了解还包括教师对课程的深度研究与把握，能准确连通学生的学习认知与学生生活的体验，也就是能有效运用价值观元素的准绳理解和把握课程内容，为学生课堂学习爬上情感的大山提供支架。情思教育是基于学生核心素养发展的一种新教育理念。情思教育强调学科教学向学科育人转变，要求把知识作为获取思维方法与形成能力、品格、价值观的内容载体，而不是作为教学的主要目的。因此，教学中应当将单一的知识转化为结构化、体系化、生活化的活知识，更要对知识的价值性再做判断，要从知识的价值性出发，寻找真实的问题与情境，让学生在真实的问题与情境中体验与感悟，在真实问题解决的深度学习体验中，引情启思，形成思维方法、品格修养，完善价值理解和判断。

（二）启思：教学目标从知识复制走向思维培养

改变知识本位的教学观是当前核心素养研究和教学的关键一环。不可否认，深度学习需要载体和媒介，思维的培养有赖于知识的掌握。一个贫乏的、没有知识储备的头脑，是不会有活跃的思维的。在专业分工越来越细的今天，每一学科领域都拥有海量的专业知识，如果教师将教学目标定位为知识的复制和传授，只关注预定的教学任务完成与否，难免会有课时不够用之感。知识是教不完的，课堂教学应重视学科概念、方法和思维方式的培养。

任何一门学科都有自己的研究对象、基本概念、理论和方法。这些知识如果不经过教师创造性地转化与整合，对多数学生而言很可能就是智识的负担，只能通过一遍遍痛苦的机械记忆来强化巩固。教师在教学中首先应对学科进行深度解读，在学科的内在逻辑中求得其隐藏的内涵，如问题的起源、方法的意义等等。尤其学科的本源问题常常是最合理、最本真的学习起点，受好奇心驱使，学生往往乐于寻求答案。在探究过程中，学科的核心概念、思维方式和基本理论会接踵而至，但这个时候它们不再成为学生的桎梏和负担，而是学生破解难题需要的得力工具和手段，是学生收获的思维结晶和劳动成果。从这个意义上看，主题教学确实有利于深度学习的开展，因为它能涵盖明确的本源性问题、核心概念、结构化的知识，以及学科方法和思维方式等。当学生逐渐将这些知识内化为自己的东西纳入认知结构中去的时候，深度学习发生了。

人本主义心理学家罗杰斯说："只有学会如何学习和学会如何适应变化的人，只有意识到没有任何可靠的知识，唯有寻求知识的过程才是可靠的人，才是有教养的人。在现代世界中，变化是唯一可以作为确立教育目标的依据，而这种变化又取决于过程而不是静止的知识。"[1] 当学生掌握了一门学科的核心概念、理论和方法的时候，哪怕老师已经不在身边，他们也能继续学习。教是为了不教，这正是教育的初衷。

（三）促行：学习方式从被动授受走向主动建构

新课程改革以来，认知主义和建构主义学习理论深入人心，教师的教育教学理念已然发生了重大转变，普遍意识到"好像要钻进坚硬的岩石一般把教材钻进学生的脑子"的"满堂灌""一言堂"违背了认知规律，从而在教学过程中更加关注学生对知识的主动构建和情感体验。发现法、探究法成为时下被广泛运用的教学方法。这无疑是课改的重要成就和时代的重大进步。

但凡事不能走极端。发现法、探究法受到热捧后，传统的讲授法不知怎的似乎成了过时落后的教学方法。很多时候评价公开课存在这么一个心照不宣不成文的标准：一节公开课如果缺少学生探究环节就不是一节好的公开课，教师讲授时间超过 20 分钟的课也不是一节好的公开课。我们不禁要问，发现法、探究法就一定能促进学生对知识的主动构建吗？我们一直以来习惯的讲授法真的落后了，需要摒弃了吗？

美国著名心理学家奥苏伯尔坚决否认这个观点。奥苏伯尔将学习按性质区分为意义学习与机械学习。意义学习的过程，就是学生运用认知结构中的已有知识吸收并固定新学习的知识的过程。根据学习方式的不同，奥苏伯尔又将学习划分为接受学习和发现学习。发现学习就是由学生自己去探索发现的，而不是接受教材或教师所给予的现成结论。奥苏伯尔特别指出，发现学习、接受学习与意义学习、机械学习之间并不存在必然的对应关系，发现学习和接受学习都有可能是意义学习或机械学习。那种认为接受学习必然是机械的，发现学习

1　叶浩生. 西方心理学的历史与体系 [M]. 北京：人民教育出版社，1999.

必然是有意义的看法是毫无根据的[1]。

换言之，如果教师的教学得法，当今饱受诟病的讲授法也可以是积极引导学生主动构建知识的教学方法，而如果教学条件不合适，就算是热热闹闹的发现法、探究法对学生来说也无异于机械灌输。确实，如果探究课上学生只是被老师牵着鼻子走，按照老师的步骤亦步亦趋，而对自己正在做什么、为什么这样做却稀里糊涂，那么他们虽然也可能得出正确的答案，但这种学习仍然不是我们想要的深度学习。

理念论者认为，本质上所有的教育都是自我教育，真正的教育只能出现在个体自身中。教师无法进入学生的内心，能做的就是按照教育学和心理学规律提供材料和活动去引导学生学习。精心设置情境，巧妙设计难疑，对学生进行有效的引情启思，从"要我学"转变为"我要学"，真正实现教育过程的"润物细无声"。奥苏伯尔在其代表作《教育心理学：认知观》一书的扉页上写道："假如我不得不把全部的教育心理学归纳为一条原理的话，我将一言以蔽之：影响学习的唯一的最重要的因素就是学习者已经知道了什么，探明这一点，并据此进行教学。"教师应摒弃对任何一种教学方法的成见，将重点放在了解学情和尊重学生个性差异上，根据教学内容灵活选用恰当的策略和方法，创造民主自由的课堂氛围，真正实现学生的深度学习。

只有走在发展前面的教学，才是好的教学。教学的本质是"课堂情境中，教师与学生创造并解释课程事件，由此达到内容的不断转化与意义的不断构建"[2]，在教师的精心组织下，学生的意义结构被带入课程情境中，在两者的相互作用中，学生发现了自我，不断促使自我的成长，最终达到深度学习与核心素养的有机统一。

1　张华.课程及教学论[M].上海：上海教育出版社，2000.

2　奥兹门，克莱威尔.教育的哲学基础[M].石中英，邓敏娜，等，译.北京：中国轻工业出版社，2006.

第三节 "情思育人"课程[1]

对于课程的认识，有部分教师认为课程就是教材，学科课程就是学科的教材。这种观点是片面的，也是停留在课程表面的理解。笔者认为，课程本质和内涵的理解至少要考虑三个方面：为什么教、教什么和如何有效地教。这三者之间内在的逻辑关系是：为什么教是教的目的，教什么是教的内容，如何教是教的方法，教的目的决定教的内容取舍，教的目的和教的内容又在很大程度上影响教的方法选择和运用。不言而喻，三者之中，教的目的是关键，是课程设计的方向与理念所在，在课程实践中起着决定性的作用。在立德树人时代，学校课程核心价值取向以课程育人为导向，培育我国社会主义建议所需的优秀人才和创新人才。基于此，学科教学向学科教育转身必然成为学科课程设计和实施的基本出发点和核心理念。

一、课程挑战：如何突破"教什么""如何教"的陈旧观念羁绊

（一）唯教材论教与学科课程的延展

学科课程是以学科教材为载体的；学科教材是达成课程标准的基本内容，也是核心的课程资源，但因篇幅限制，学科教材内容的选编只能精中求精。但是，学生学科能力与素养的培养目标是没有上限的，也不存在一个固定的培育准线。那么，有限的学科内容如何承载学生素养目标的无限培养之重呢？解决之道只有一个，就是课程内容的适向与适度延展。毋容置疑，最大的学科育人的课程内容体系存在于社会、生活和自然之中，而不是教材中，所以，唯有把有限的学科教材内容与无限的社会、生活与自然这个最庞大的课程内容体系充分链接，才能解决学科课程内容的宽度不足的问题，让学生在厚重而宽广的学科课程学习中，体验和建构生活与学科之间的意义链接，孕育其最本真和厚实的素养意识与能力。

旧高考以知识和能力为命题导向，学科教材成为命题和备考内容的关键取向。长期受应试教育的影响，在教师课程组织的取向中，"教教材"成为自然选择。新课程、新高考改革以来，虽然有许多新变化，但教师唯教材论教依然

---

[1] 此文发表在全国中文核心期刊《教学月刊》2021年第1-2期。文\作者：陈洪义。

是一种教学常态，导致课程内容的延展多停留在学科知识拓展与解题思维强化训练上，人文元素的链接和育人因子的科学植入在课程延展中缺乏主动与深度。立德树人时代，学科教学向学科教育的转身，要求教师打破自身的思维禁锢，在课程内容的处理上要有更强烈的育人意识和教学主动，努力实践学科课程向社会、生活与自然科学延展。对一线教师来说，这既是一个命题，也是一个难题。这要求教师在把握学科课程内容的基础上，有更为扎实的专业功底、更为丰富的综合知识、更为宽广的生命视野和更为灵通的思维迁移能力，唯此，才有能力科学、有效地延展和丰富学科课程内容，及至重构学科课程内容体系。

（二）唯思维论教与课程组织的灵巧

课程组织与实施的主要执行者是一线教师。就课程组织的方式而言，在执行课程过程中，普遍存在唯思维论教的问题倾向。高考、中考等升学考试对教与学有着重要的导向功能和作用。随着课程改革和高考命题改革的深入，各级考试命题理念实现了根本性的突破，命题价值取向开始从知识和能力立意转向素养立意。这种转变其意明显，就是要凸显课程组织中学科育人的新追求、新理念。但是，这种良好的命题理念和价值取向，依然难于在现实中充分发挥其教与学应有的导向作用。因为学科育人的命题导向主要体现在试题的命题立意与材料选择上，对应试的学生来说，解题所依赖的关键依然是关于学科知识、学科思维与学科方法的学科能力。

例如，2019 年文科综合全国 I 卷的历史题第 26 题，通过"拔河运动在唐代的流行"史实，描绘了"壮徒恒贾勇，拔拒抵长河"的壮观活动场面，突出了唐人崇尚力量的阳刚之气和健康体魄。此题的选材和立意中学科育人的导向非常明显，希望通过历史知识与体育活动的意义链接，引导考生领悟健康与人生价值的关系，以此浸润学生的人文意识与培育其人文精神。但是，就学生对此道题目的应试而言，只需要相应的文字阅读与历史分析能力，就可以顺利解答，并不需要运用具体的体育运动的技能与人文理念，这样，试题的立意和初衷往往被考试思维和应考逻辑无形切割。而这种切割带来的直接影响是，教师重学科思维轻人文培养，唯思维论教成为教师学科课程组织的自然选择。

在课程的组织实施过程中，唯教材论教和唯思维论教，以短、平、快的方式在学科思维方法与分数提升上求速成，成为教师的课程组织常态。就其本质而言，唯教材论教和唯思维论教都是唯分数论教的一种具体表现。在应试教育环境下，社会和学校习惯以考试结果与升学结果作为评价教师的关键指标，甚至是唯一指标。面对升学压力，教师无奈选择唯分数论教。虽然，随着基础教育的快速发展，社会的教育评价理念已经植入诸多新的育人元素，评价关注的视角也越来越走向多元化，但是，考试成绩与升学结果依然是绩效评价要素中的关键，所以，教师教学理念的转变依然难于突破诸多现实的羁绊。

面对重育分轻育人的教育短视行为，要实现学科教学向学科育人转身，突破的关键不是围追堵截，而是科学建构与积极引导。科学建构的关键是：要探寻课程学习中育人与育分同向前行的融通轨道和课程设计中学生思维与情感协同发展的融通路径，并由此建构一种以学科为基础的，融通课内课外教学资源的情思交融的课程体系。辽宁师范大学的孙斌指出："课程现状中存在着教育发展不均衡、教学目标把握不清晰、课程教学内容不适宜及教育方法不恰当等问题。"[1] 笔者与情思教育研究团队，近十年来积极探索和实践基于"情思育人"理念的学科课程融通路径，正是努力寻求从课程理念、课程内容到课程方法的系统突破，以期在人文观引领下探索课程育人的现实路径。

二、课程理念：基于"从哪里来""到哪里去"的课程方向定位

（一）基于学科育人的目标理念与特征

情思教育是基于学生核心素养发展的一种新教育理念，重点围绕"培养什么人""如何培养人""用什么培养人"的问题，在学科课程教学中从引情、启思、促行三个方面下功夫，让这三个教育元素在学科课程学习活动中有效融合，育分不忘育人，强化本能，发展素养。概而言之，情思教育的本质和核心追求就是要实现学科教学向学科育人的过渡和转变。学科课程定位是由学科教学转向学科教育，这个转向不是反对"向课堂要分数"，不是反对"升学率的主观追求"，而是反对"只育分而不育人的唯分追求"。就像对 GDP 的追求一样，不能以牺牲百姓的利益和牺牲环境为代价，而片面追求 GDP 的增长，应当主张发展以可持续发展为特征的绿色 GDP。同理，学科育人追求的是可持续的绿色分数和升学率，主张学科课程教学中要以育人来育分，把育人与育分统一起来，以实现学生的全面发展。

学科育人是情思课程的核心理念和特征。情思课程的出发点和落脚点就是探寻基础教育中育人与育分相互脱离的现实问题，以课程方式构架起学生全面

1　孙斌. 幼儿园社会领域课程游戏化实施的行动研究 [D]. 大连：辽宁师范大学.

发展的立交桥。这就需要教师在学科课程处理时，要基于立德树人考虑，运用一把基于育人需要的价值理解、价值判断的尺子，对学科课程知识进行科学的融通建构和处理。具体而言，需要教师在学科课程实施中，把学科知识作为获取学科方法与形成能力、健全品格、提升价值观的内容载体，而不是作为教学唯一目的，以此丰富和提升学科课程内容的宽广度。

（二）基于情与思统一的学习体验特征

基于学科育人，学科教学要实现单向度"育分"到全方位"育人"，笔者认为，关键是坚持课程教学中的情感活动和思维活动的统一。过去受应试教育的影响，学科教学关注分数，甚至把分数和升学率作为评价学校、教师的关键指标，导致学科教学窄化、僵化，弱化或忽视了学科教学中的育人本质。通观基础教育，学科教学疏以育人的主要问题，集中于学科课程中对情感培育和人文关注的忽视。正因为如此，新课程实施尤对情感态度价值观施予重视，视之为学科课程目标中不可或缺的一个共同维度。而这一维度内容的核心导向就是"学科教学向学科教育转变"，保证学科课程教学育人与育分同向前行。

各学科的核心素养内容体系丰富，综合分析，以下维度是其中两翼：一是人文素养的培育；二是学科思维的培养。人文素养的培育，影响的是一个人的品行和思想；学科思维决定的是一个人的能力和智慧。前者有利于育人，后者有利于育分。所以，坚持情感活动和思维活动的统一，育人、育分同行是情思教育坚持学科育人理念的核心价值追求。在学科课程教学中，基于课程的情思统一需要，教师要善于寻找和确立学科课程内容中的情感培育点和思维生长点；要能基于学生的心智发育特征和深度学习理论，从学生学习的情感投入度、思维活跃度、行为专注度三个维度，借助教学"脚手架"，恰当施力，"拨动情感的线，放飞思维的线"，引情启思，创造情思交融的学习体验场境，助力学生从悟行走向慧行。[1] 从课程体验看，情思课程既重认知，又重情意，需要教师唤醒动机，激发情绪，以情促思，以思引情，使学生实现情感层面上的"乐学"和理性层面上的"善学"。

（三）基于课内外融通的学科延展特征

美国教育家杜威说："教师和书本不再是唯一的导师，手、眼睛、耳朵，实际上整个身体都成了知识的源泉，而教师和教科书分别成为发起者和检验者。

1　陈洪义.情思教育：致力于适性教学与柔性德育的统一 [J].广东教育，2020（01）：27-28。

任何书本或地图都不能代替个人的经验，它们不能取代实际的旅行。"由于学科教材内容的局限性，基于学科育人的需要，在学科课程实施中，教师要对学科教材内容进行适向、适度延展，让学科课程内容与社会、生活和自然进行意义链接，把有限的学科内容与宽广的社会和学生熟悉的生活有机融通汇合，从而为学生的学科课程学习植入丰富的情感价值元素和创造宽广的学科思维体验，这样，才能保证有效提升学生的学科能力的同时，让学生获得融入生活、融入社会的体验，从而更好地引导学生了解社会、理解生活，培育其积极的社会生活理念与意识。

三、课程组织：融通"你和我""我和你"的学科课程重构路径

路径一：情思融构。情思融构适合于文化学科的课程组织。融是融入、融合，构是构筑、构建，融是方式和前提，构是目的和结果。融，既可以是课堂外的课程资源融入到课堂内的学科课程学习之中，也可以是课堂内的学习任务融入到课堂外的项目学习体验之中，无论哪一种融入方式，实际上追求的是课内与课外的学科教学资源的有效融通汇合，以此建构出融有丰富育人因子的学科课程内容，在学生有限的学习体验中获得宽广的情思生长空间，助力学生的全面协调发展。

情思教育实施的成功意义在于改变了传统教学课堂结构要素，引起传统课堂教学结构的变形、换位、重构等变化，实现课堂活动中的"情"与"思"的统一，使"课堂学习"成为"一种引导下的创造"。[1] 基于上述理念，在改变课程结构要素过程中，首要的是充分依托学科课程，寻找和挖掘学科课程中的引情点和启思点，并因此融入现实相连的生命教育、思政教育、生活体验等内容元素，延伸学科课程内容的情感和思维生长空间。例如，在学习数学课程的"轴对称"内容时，为引导学生关注生活，关心所处地区城市的特征与变化，在课程内容重构时，教师可以当地城市布局的中轴线为例，围绕所在城市的布局特点进行轴对称数学概念的意义建构。对于学生学习"轴对称"数学概念的课程组织，教师既可以把城市空间的中轴特征，以情境融入方式引入课堂，助力学生理解和建构其概念，也可以把对"轴对称"概念的建构变成项目任务，让学生在城市空间"中轴特征"的任务探究中深刻理解和建构起"轴对称"概念。无论哪一种课程融入，都能有效保证学生在知识学习、思维提升的同时，

---

1 陈洪义．"情思历史"工作室简介 [J]．中学历史教学参考，2018（04）：2．

促进人文素养的培育，从而达到育人、育分同向前行的效果。

路径二：情思融润。情思融润适合于德育学科的课程组织。融是融入、融合，润是浸润、润泽，融是方式和前提，润是目的和结果。基础教育面对的是未定型、未定性、一切都是可变和在变中的青少年，须以立德树人为追求，养其情，育其思，导其行。所以，好的教育要基于现实问题，让学生入境，更要以合理的方式在融境中助学生自悟，并促其在现实之中以悟识行，及至走向慧行。

德育学科与文化学科的不同主要体现在：一是德育直接面对的是人的情感与行为，是生命成长中最深层次，也是最为柔软的部分，因此德育教育最重要的不是生硬说教，而是心灵的唤醒和文化的感召。二是学科课程是以学科内容为基础的显性课程。而德育学科，没有专门的教材内容依托，课程目标、课程内容和课程实施都有很多不确定性，是一门隐性的学科课程。德育学科的组织实际上是隐性学科课程要以显性的形式呈现，这就需要教师在学科课程建构时，合理选择德育资源，并以巧妙的方式融入德育课程组织中，为学生的情感发展和行为提升创造悟境。所以，情思教育德育课程强调活动育人、环境育人，强调在情思交融的浸润式、感召式、唤醒式的境悟中实现润物无声的无痕教化。

无论是文化学科还是德育学科，学科课程融通式重构的重心有两点：一是课程内容重构；二是课程组织重构。内容重构主要围绕三重层次：第一重为思维能力的培养，关注思维创新；第二重为思想理念的培育，关注生活求真求实；第三重为生命价值的培育，关注生命本真的意义。三重境界立足于立德树人的根本，依次递进，深入学科教育的本质。课程组织的重构主要有四境：以"境"为线，依据教育学、心理学、逻辑学相关原理，借助教师提供的情绪支架、思维支架、转换支架、迁移支架，引导学生的学习渐次实现"入境—融境—悟境—出境"，实现让学生的学习从宏观感知到微观探疑再到宏观感悟，最后又落地在微观运用和提升上，在宏观与微观的转换之间，培养能力，提升素养。

第四节 "情思教育"四境 [1]

国学大师王国维在《人间词话》中说道:"诗人对宇宙人生,须入乎其内,又须出乎其外。"笔者认为,好的教育理应重视教育过程中入与出的逻辑,在一入一出之间,学习知识、涵养情感、提升能力、发展素养。情思教育强调基于学习中的入与出的逻辑关系,从学习的本质出发,教师通过有效的引情启思促行,引导学生渐次实现"入乎其内""沉乎其中""得乎其里""出乎其外",即"情思教育"追求的教学四境:入境—融境—悟境—出境,具体如下图所示。

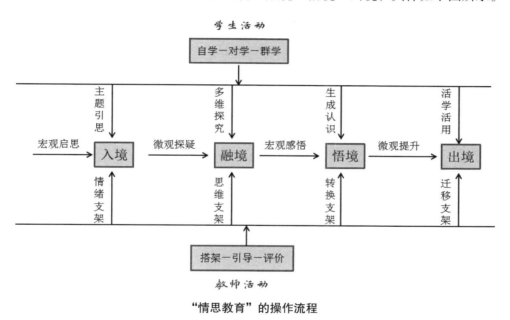

"情思教育"的操作流程

一、宏观启思:入境以魂为核,创设认知情境,引学生进入积极的学习感知场

情思教育的操作要义的第一个字就是"感"字。感就是整体感知,强调宏观感知。基于学习认知规律,尤其是高阶思维形成的心理学原理,人的高阶思维的形成更多的依靠对事物的整体的认知与把握。因此,情思教育强调教育活

---

1 此文发表在全国中文核心期刊《教学与管理》2019年第11期。作者:陈靖、韩焰明、陈洪义。

动之始首先要让学生对学习对象和解决的问题形成整体的印象和整体的理解，以此为基础渐次引导学生的思维步步深入。格式塔心理学认为"整体大于部分之和"，人们认识事物的知觉的层次性首先表现在对事物的认识具有整体性，是从整体到局部然后不断深入和深化的过程。据此，在教育教学中，教师首先按预定方向引导学生整体把握学习和观察的对象，形成宏观理性的认识是非常必要的，能有效为学生在学习过程中形成"新的生活经验"提供积极的土壤和基础。

学习伊始，如何让学生对学习内容和学习对象有个"全局"意识？基于主题情境的问题激疑是引学生入境的很好的方法和手段之一。例如处理《百家争鸣》一课，因本课涉及儒、墨、道、法等诸多思想派别的思想主张，内容繁杂，学生头疼不已。通过研读教材和课标，教师可以提炼出一个颇具思维力度的问题：儒家思想在当时之所以能够发展成为中国传统文化的主流思想，其中原因是什么？此问统摄全课，一方面，教师可以非常巧妙地将学生引入到具体的问题学习情境当中，巧弹其情感之弦；另一方面，问题巧设体现了课堂主线及立意，能启发学生的宏观思考，形成对学习内容的初步的整体的认识。

主题情境是指与教育教学主题活动相关的情景、背景和环境。当学生具有发生意义学习和深层加工的动机时，他们就容易获得建构正确解释的渴望和可能。情思教育"入境"，就是教师基于课程内容的中心思想，创设与本课教学主旨相宜的学习情境，引领学生"入乎其内"，进入特定的知识场境之中，从而为学生的情感体验和认知深入创造积极的条件。课程内容的中心思想，更多的应当与时代价值联结在一起，树立起课堂学习中的生命高度，成为课堂之魂。情思教育强调教育教学立意，树立学生学习之魂，根本上就是为学生在学习体验中的意义学习和主动建构创造一种思维和思想场。

目前，情境教育的应用非常普遍。教师们可以说是尽显神通，积极运用实物演示、视频展现、表演体会、音乐渲染等丰富多样的情景手段将学生引入创设的情境场中。比如，数学课上，老师说给大家讲《西游记》。学生大喜过望热烈鼓掌。教师讲道："话说师徒四人这天走到了一座山的山脚下。唐僧又累又饿，便命孙悟空去化斋。孙悟空临走前取出金箍棒围着唐僧画了一个圈，圆圈半径为 2 米，求圆的面积。"这个举例反映了情境教育对学生不凡的吸引力，以及其在教学实践中的运用价值。需要特别指出的是，基于主题创设教育情境吸引学生入境只是情思教育的第一步，是为后续的融境、悟境和出境做有效铺垫，不能为情境而情境。吸引注意，调动思考，可以说是课堂运用此情境目的所在。然而，也需要注意的是，孙悟空画圈和求圆面积没有本质联系：既起不到"脚手架"的作用，助力学生思维，帮助学生思考求得该圆面积，也无法进一步引导学生思考圆的学术价值和现实意义，更不可能借此探讨对世界、对人生的看法。因而，这与情思教育的情境之"入"有着本质的区别，无法为下一步的融境做好准备。

建构主义的教学观认为，知识的意义寓于情境之中，学习情境对于个体的学习来说起着举足轻重的作用，学生必须通过具体的情境才能获得某种知识[1]。从这个意义上说，在具体的学习过程中，教师发挥主导作用的关键就在于能概括学生学习内容的主题内涵，寻找主题的契合点，创设有效的学习感知环境，引导学生宏观启思，在整体把握学习对象和学习内容的基础上，根据学习内容创设带有目的性和生成性的认知情境，以促进学生对所学内容的意义建构。

二、微观探究：融境以行为径，重视多维经验，使个体成为学习的积极建构者

情思教育的操作要义的第二个关键字是"融"，融就是交融，情思交融之意，强调的是微观层面的行为操作。这一环节是学生对学习内容与问题进行多维度审读与多角度探析的阶段，是学生的问题解决行为由表入里进入悟境形成思维能力和生成思想意识的必要环节。学生入境之后，其思维和情感将处于活跃和敏感状态。教师借助丰富的材料感知和问题驱动，能有效牵动学生的思维和情感，诱导其"沉乎其中"，在进行知识探究过程中实现情思互动，这就是融境。融境强调学习的"探究之行"，关键有两个字：一是"多"，强调思维体验的角度多，探索角度多，学生才能形成立体的认知；二是"合"，强调情思相合，在情境探究中"情"与"思"相融相合，融通共进。

"学习就是要学会思维"[2]。在杜威看来，教育成功的关键是要能激发儿童的反省思维，这需要特别注意两个问题：一是要形成解决问题的疑难，让这个疑难转化成挑战性的任务意识；二是要有持续的探究活动，对某个问题进行反复的、严肃的、多维的、持续不断的深思的过程。仍以《百家争鸣》教学为例。

1　林崇德，罗良. 情境教学的心理学诠释——评李吉林教育思想 [J]. 教育研究，2007（2）：72.
2　杜威. 我们怎样思维·经验与教育 [M]. 北京：人民教育出版社，2005：71.

关于"儒家思想发展成为中国传统文化的主流思想"这个问题没有现成的答案，需要借助课本整合相关知识才能得出结论，对学生来说极具挑战性。教师运用丰富的史料，围绕"印象中的历史""学术中的历史""生活中的历史"三个不同的视域精心组织教学，自如切换历史空间场景，不断引导学生分析对比儒、墨、道、法四家的观点主张，发展脉络，反复审视儒家的优点及其他各派的不足，让学生充分意识到在滚滚历史洪流中，儒家的最终胜出符合历史发展的必然趋势。

情思教育，作为一种教育范式，其中的起点是宏观启思，是学生形成整体意识和把握整体概念的开始。在学生整体把握学习内容的基础上，有效组织学生对学习的知识和观察的对象进行多层次、多角度的微观探究活动，并在此基础上进行多维度的知识建构，其目的就在于激发学生的思维热情，培养学生的思维习惯，培育学生的思维能力。情感心理学认为，良好的情绪使一个人的感知变得敏锐、记忆获得增强、思维更加灵活，有助于内在潜能的充分展示[1]。学生作为观察者，因其内在情感丰富，有感性的一面，而思维过程作为一个理性的推导论证过程，其效果往往又与学生内在的感性连接在一起，因此，微观探疑中教育者要选择适当的观察材料，激发学习者观察的渴望，引导学生用多维多层的观察视角进行问题的探究，使观察趋于精密化，观察能力与思维能力日趋成熟。

从认知心理学观点来说，学生是认知的核心主体，学习是学生在先前经验的基础上对新知识进行意义建构的过程。融境需要重视学生的个体经验，使学生的先前经验在学习新知过程中起推动促进作用，而不是进行干扰和阻碍。这就必须重视让学生的隐性知识"显性化"。

波兰尼认为，人类有两种知识，一种是可以用系统表述的，另一种是不能用系统来表述的。他认为前一种知识是显性知识，后一种知识就是隐性知识。隐性知识对人类的认识与实践有重大影响。著名心理学家斯腾伯格认为，隐性知识既能成为一种提高行为效率的资源，也能成为导致行为效率低下甚至是失败的根源。[2]只有系统逻辑化的显性知识才可能被反思、被利用。为了使隐性知识更好地发挥作用，课堂教学必须让隐性知识显性化。如何让隐性知识显

1　鲍学红.中学历史教学中问题情境创设的研究[M].上海：上海师范大学出版社，2009：17.

2　石中英.知识转型与教育改革[M].北京：教育科学出版社，2001：230.

性化？有学者在研究中发现隐性知识到显性知识之间，存在着知识和意识的迷茫地带，在这个地带中知识与意识存在三个不同的样态，分别是"无意识的知识""能够意识到但不能通过言语表达的知识""能够意识到且能够通过言语表达的知识"，而这些知识样态和意识样态就是"隐性知识"到"显性知识"之间的中间迷茫地带。从学习者的思维培养维度来说，教师对学生思维训练的作力点理应谋准这个中间地带，因它对学习者而言就是其思维和智力发展的最近发展区，是学生思维从"隐性的"状态转变为"显性的"状态的关键所在。而这种"隐性的"样态向"显性的"样态转化的过程，实质就是学生成为积极建构者，对学习进行意义建构的活动过程。

可以说，情思教育的"多"与"合"的学习探过程就是强调师生双方以及生生之间真诚和自由对话的学习体验过程，是学习者的思维和智力及至情感发展的关键路径。学习之中唯有做到不唯传统、不唯教材，大胆而心细地发掘学习探究对象背后的新知和新悟，学生内在的隐性的知识、观点和主张才能伴随着其具体的主张和见解渐次"显现"出来，并在此基础上进行批判、修正和应用。这要求教师一方面具有清醒的意识，不把学生当成一块白板，而把学生看作具有先前经验和认识的个体；另一方面，联系现实生活精心组织学习活动，依据学生特点对学习内容进行设计和整合，鼓励学生自由发表自己的见解，努力使学生的隐性知识显性化。

三、宏观感悟：悟境以融为炉，谋点推波助澜，助学生建构联系形成生命理解

情思教育的操作要义的第三个字是"悟"。悟，就是参透、理解，强调的是学习之后的宏观启发。在经过多层和多维的微观思考后，如何将这些分散的"经验生成"，汇集成一个对事物的整体认识和规律把握，这需要教育者基于学习和观察事物的整体，回到宏观启思的问题上，借助反省思维的暗示原理，通过教育者提供的转换"脚手架"，推波助澜将新获得的生活理解和经验与过去已获得的经验联接，生成对事物的根本性认知，洞察事物规律。这就是情思教育的悟境，即学生在融境中"得乎其理"，实现思想生成和情感升华：或慧辨真善美与假丑恶，形成正确的价值观；或洞悉世界规律，感受生命真谛和人生意义。

课堂中教师应如何助力学生跳出书本知识，实现思维和情感的升华？不同

学科应该依据不同学科特点运用不同的方法和手段来达成。比如,《论语》中有这么一句:"唯女子与小人难养也。"这是什么意思,难道孔圣人要教育大家歧视妇女?教师这时采用"情境还原法",告诉学生孔子是在什么情形下,针对当时什么事情说了这句话,学生的疑惑就能烟消云散。教师如能趁机引申点拨,学生就可以领悟语言都是有语境的,现实中要想理解别人,就要学会与人沟通。只有加强沟通交流,在人际交往中才能避免误会,才不容易钻牛角尖,不会伤害别人也不会伤害自己,才能在生活中保持乐观自信、积极向上的良好情绪。

比如,上高中历史课,教师经常会通过横向或纵向对比的方法帮助学生构建知识的内在联系,再通过鲜活的素材助学生形成对生命的理解。以经济史为例,在进行"二战后资本主义的新变化"一课的教学中,教师一方面可以组织学生回顾20世纪美国经济的发展轨迹,划出1900—1920年进步时代、1929—1941年焦虑时代、1980—1990年里根时代三个阶段,同时要学生分别思考这三个不同时代美国在经济领域亟须解决的具体问题。当学生调动知识储备正确回答了这个问题,说明学生已完成了对课本知识的构建与整合。教师可以接着提问:这三个时代解决问题的思路上有什么共同之处?学生的思考就会不断深入:统治者都在缓和社会矛盾,维护资本主义制度;统治者会随着形势的变化不断调整制度和政策……当学生得出统治者的做法是在追求社会公正的时候,教师再联系中国的改革开放,学生会进一步领悟:改革发展的根本目的是要满足人民对美好生活的向往。领悟到这点,学生就能深刻理解当前中国的改革,并生发出投身改革开放事业的使命感和树立为人民的生活谋幸福的远大理想。

总之,教师应善于运用情境还原、联系现实、古今对比或中西对比等方法,提升学生的思维与情感。学生悟境的过程,其实就是将学科核心素养内化的过程。学科核心素养是国家、社会对学生发展的外在要求,而通过教师课堂讲解、讨论、合作、探究等各种教学方法,学科核心素养已悄然地转化为学生发展的内在素养需求,这些种子在学生心中生根、发芽、开花。"最好的教育是不留痕迹的",让学生在不知不觉中受到教育才是真正的教育,这正是情思教育的本质追求和方向。

四、微观提升：出境以用为途，搭建活用平台，让学生以开放的心灵洞察世界

情思教育的操作要义的第四个字是"创"。创，强调的是微观运用，指能在具体的真实的问题上创造性分析和解决问题，具有良好的创新意识和潜能。有学者认为教育的作用在于指导、控制和引领个人的经验和社会的经验，帮助人们更民主地生活。[1]学习者只有在知识运用的具体实践中，才能进一步内化和深化学习所得所悟。这需要教育者在迁移支架中，根据心理学相似性原理，创造新的学习与观察情境，让学习者以新获得的经验解决新的疑难问题，在实践中活学活用，发展情智素养。情思教育的出境，就是学生已经完成了对知识的意义构建，形成良好的思维方式和态度价值观后能顺利"出乎其外"，以批判的眼光和开放的心灵洞察世界，理性思考现实社会中的复杂现象。

《三字经》中的黄香年仅九岁就懂得为父亲温席，而现在的很多高中生动不动就对给予其生命的衣食父母甩脸色，平时父母说一句顶三句，或者懒得搭理直接摔门而走。这是子女应该有的样子吗？这正是孔子痛心疾首的"子不子"啊！《三字经》有云："子不教，父之过。教不严，师之惰。"今天有多少父母是真正尽心尽力地在教养孩子？他们以为只要孩子物质富足，凡事有求必应，就尽到了本分，完全漠视孩子的精神情感需求。这正是今天教育工作的悲哀：心智成熟的成年人无力引导教育心智不成熟的未成年人！而作为与家庭教育同为育人的一驾重要马车的学校教育，在课堂之中与课堂之外，应贯通育人渠道，育学生的情思，铸学生的行养。比如，在《百家争鸣》一课完成后，老师可以借用假设"古人云，天不生仲尼，万古长如夜。假设孔子没有出生，是否会有儒家思想产生"，引导学生微观审思历史问题，在情思的运用中助学生内化情智素养。教师可展示以下材料：

材料：中国文化在"轴心"时代的突破与其他文明都不一样，是最"温和"的……对过去思想不是一种"彼可取而代之"式的否定，而是一种"百川汇流"式的综合和兼容，并在综合和兼容中重新进行了整合和解释……"百家争鸣"的结果，不仅仅是秦始皇焚书坑儒，也不仅仅是汉武帝罢黜百家，也是因为折衷和融通已经兼容了各家，使各家界限日益淡化的结果。

——葛兆光《中国思想史·第一卷》

---

1 奥兹门，克莱威尔. 教育的哲学基础 [M]. 石中英，邓敏娜，译. 北京：中国轻工业出版社，2006:143.

意图：培养学生的唯物史观，感悟中华文化开放包容的特征，感受中华传统文化的独特魅力。通过探究，学生可以深刻领悟中华文化源远流长、薪尽火传、开放兼容的特点。没有孔子，中国文化的这种特点也不会完全改变，从唯物史观看，孔子恰恰是中国文化的产物。多一层了解就多一层亲近感，学生对民族文化有了更深层次的认识，才能树立文化自信，增强守护传统文化的责任心和使命感。

今天我们被置于古今中西多样文化交叉重叠之中，如何看待、处理文化的多元性、多样性，从而让我们过上美好的生活，是现代中国人必须思考的重要问题。半个多世纪前，甘地曾经道："那些将自己的孩子送到现代学校里去的人绝大多数都是'农业专家'……然而，当年轻人从学校回到生养自己的地方以后，对农业却一无所知。不仅如此，他们还从心底藐视自己父亲的职业。……教育的整个目的就是使他和他的生活环境格格不入，就是使他不断地疏远这种环境。"[1]圣雄甘地的话至今仍振聋发聩。今天我们谈开放的心灵和开放式的教育，不仅是对今、对外开放，也应对古、对中开放。

教育，就是促进人"有价值发展"的活动。"有价值发展"这一目标暗合了学生核心素养的发展。情思教育在实现学生的"有价值发展"问题上，紧扣学生的思维与情感的发展两条主线，在"宏观—微观—宏观—微观"的循环推进中，强调引情启思和促行，在这种知行合一的教育实践中，促进学生综合素养的闭合循环生长，最终让学生成为一个有知识的人，一个思维敏捷的人，一个有丰富国家情感的人，一个对事物有着深刻洞察力和理解力的人。这样的人，他的精神是富足的，身心是愉悦的，他懂得人生的价值和生命的意义。他的内心温暖而不柔弱，他的头脑睿智而不偏激。

1　石中英．知识转型与教育改革 [M]．北京：教育科学出版社，2001：353.

第五节 "情思教育"图谱

"情思教育"的实践历程

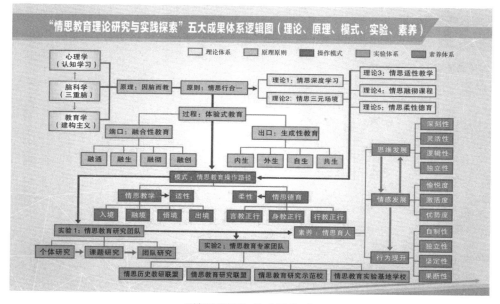

"情思教育"的成果体系

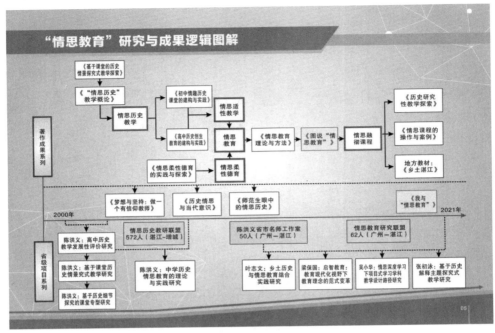

"情思教育"的成果逻辑

调查结果分析

理念	板块	源动力		原动力			效果	
		育人	育分	情感	思维	行为	育人	育分
传统理念	教学	（弱）	（强）	（弱）	（强）	（弱）	（弱）	（中）
传统理念	德育	（弱）	（强）	（弱）	（弱）	（强）	（弱）	（中）
情思教育	教学	（强）	（强）	（强）	（强）	（强）	（强）	（强）
情思教育	德育	（强）	（强）	（强）	（强）	（强）	（强）	（强）

"情思教育"的问题背景

课程教学与学生素养

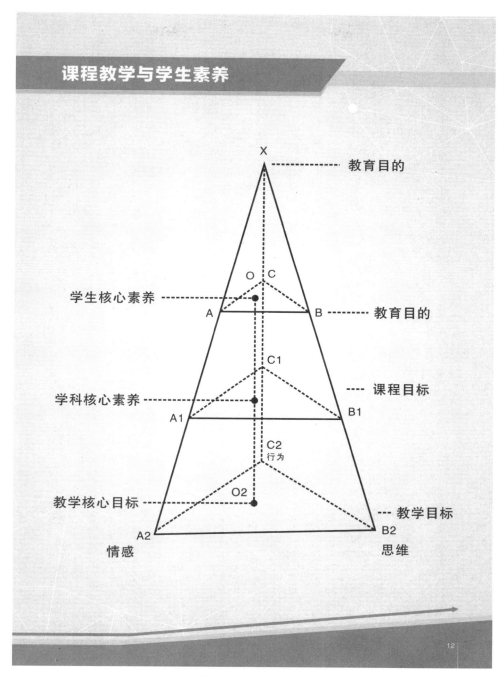

"情思教育"的素养逻辑

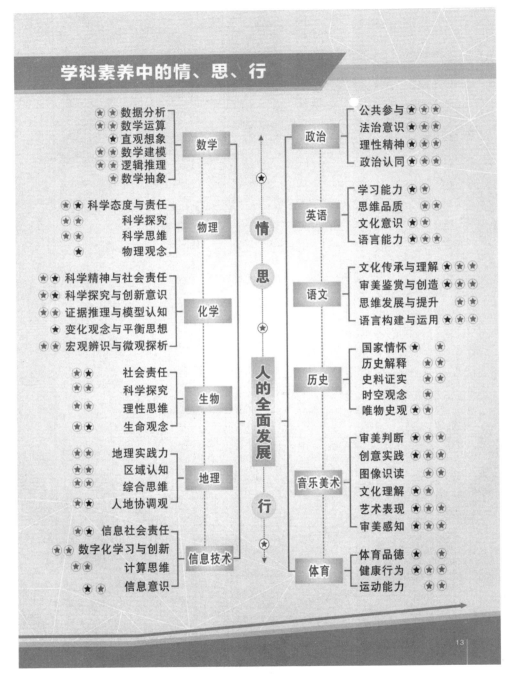

学科素养中的情、思、行

数学
- ★ ★ 数据分析
- ★ ★ 数学运算
- ★ 直观想象
- ★ ★ 数学建模
- ★ ★ 逻辑推理
- ★ 数学抽象

物理
- ★ ★ 科学态度与责任
- ★ ★ 科学探究
- ★ ★ 科学思维
- ★ 物理观念

化学
- ★ ★ 科学精神与社会责任
- ★ ★ 科学探究与创新意识
- ★ ★ 证据推理与模型认知
- ★ ★ 变化观念与平衡思想
- ★ ★ 宏观辨识与微观探析

生物
- ★ ★ 社会责任
- ★ ★ 科学探究
- ★ ★ 理性思维
- ★ ★ 生命观念

地理
- ★ ★ 地理实践力
- ★ ★ 区域认知
- ★ ★ 综合思维
- ★ ★ 人地协调观

信息技术
- ★ ★ 信息社会责任
- ★ ★ 数字化学习与创新
- ★ ★ 计算思维
- ★ ★ 信息意识

情
思
人的全面发展
行

政治
- 公共参与 ★ ★
- 法治意识 ★ ★
- 理性精神 ★ ★
- 政治认同 ★ ★

英语
- 学习能力 ★ ★
- 思维品质 ★ ★
- 文化意识 ★ ★
- 语言能力 ★ ★

语文
- 文化传承与理解 ★ ★ ★
- 审美鉴赏与创造 ★ ★ ★
- 思维发展与提升 ★ ★
- 语言构建与运用 ★ ★ ★

历史
- 国家情怀 ★
- 历史解释 ★ ★
- 史料证实 ★ ★
- 时空观念 ★ ★
- 唯物史观 ★ ★

音乐美术
- 审美判断 ★ ★
- 创意实践 ★ ★
- 图像识读 ★ ★
- 文化理解 ★ ★
- 艺术表现 ★ ★
- 审美感知 ★ ★

体育
- 体育品德 ★ ★
- 健康行为 ★ ★
- 运动能力 ★ ★

13

"情思教育"的素养体系

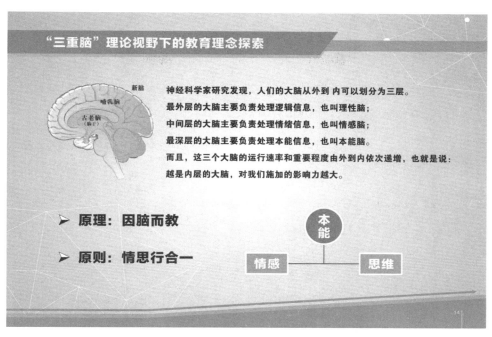

"情思教育"的脑科学基础

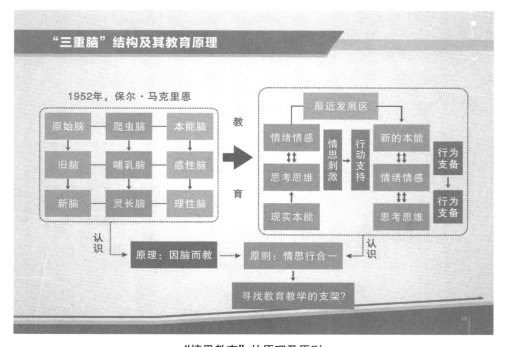

"情思教育"的原理及原则

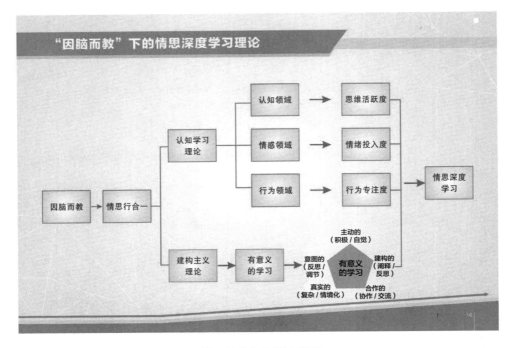

"情思教育"与深度学习

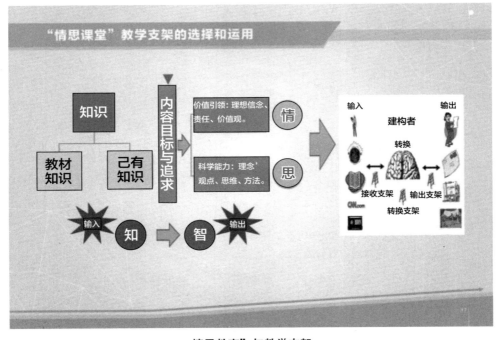

情思教育"与教学支架

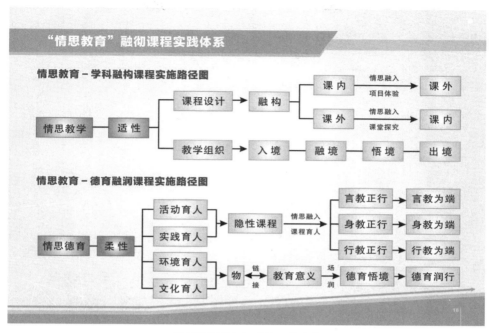

"情思教学"与"情思德育"

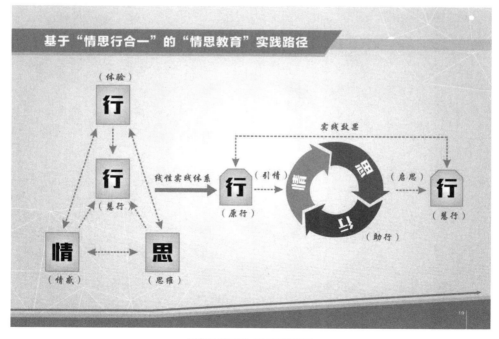

"情思教育"的实践路径

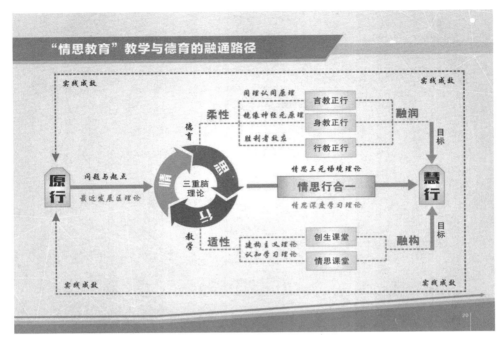

"情思教育"教学与德育融通路径

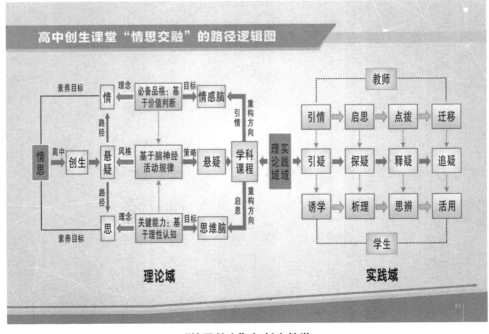

"情思教育"与创生教学

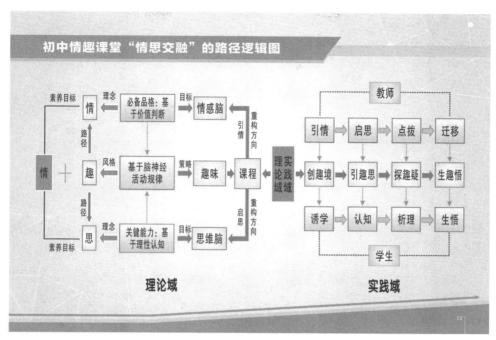

"情思教育"与情趣教学

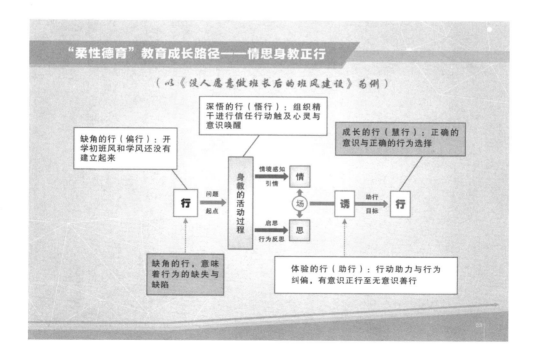

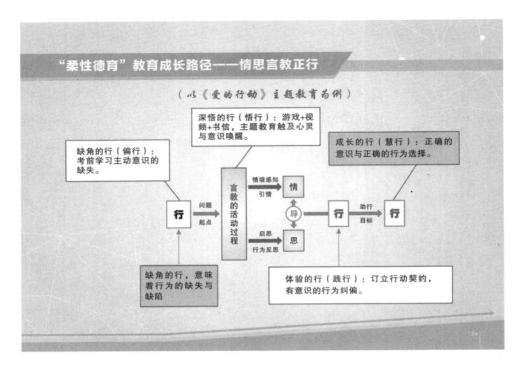

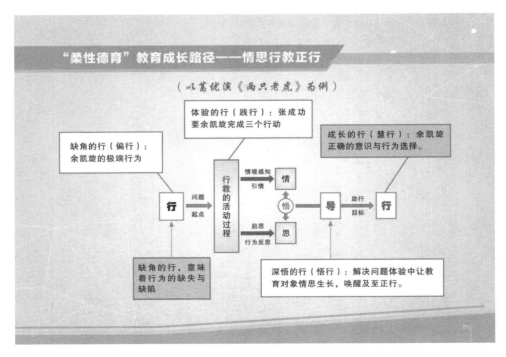

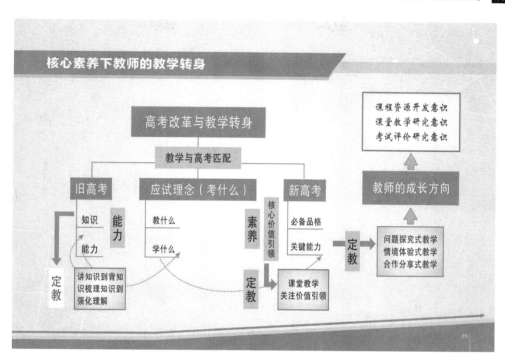

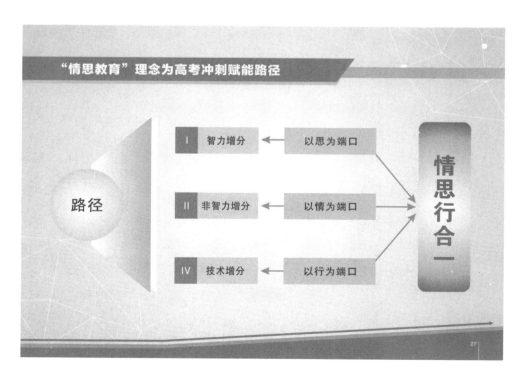

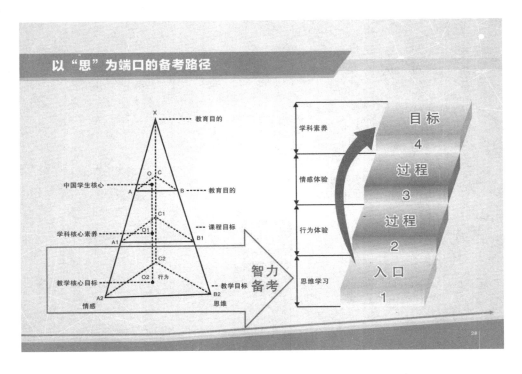

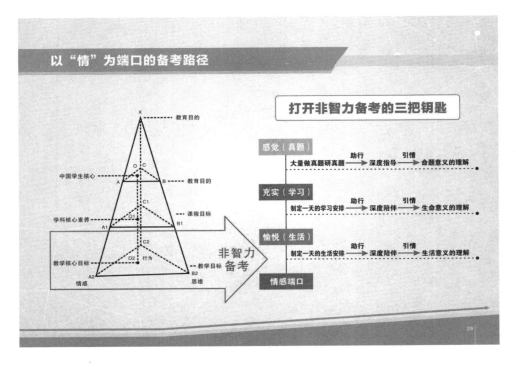

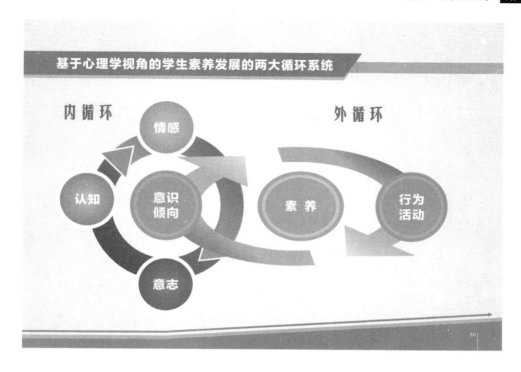

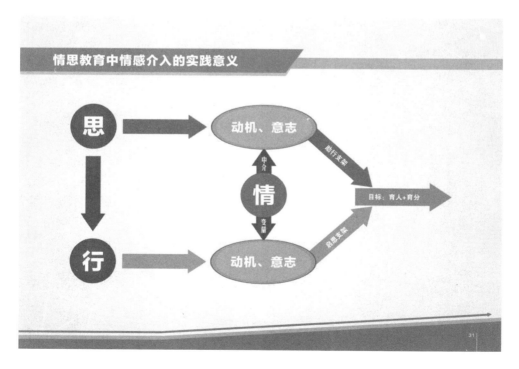

第二章
DI ER ZHANG

我行"情思教育"

● 微按

　　此章之"我"，实则是"我们"。"我们"作为"情思教育"的实践者，以立德树人为目标，以"情思教育"为理念，在教育教学实践中坚持创新实践。"情思教育团队"成员众多，包括情思历史教研联盟、情思教育研究联盟、情思教育工作室等800多人，成员分布在全省各地，包括不同学科、学段。还建立了十几个情思教育实践基地。作为情思实践者的"我们"，在创新实践中坚持以实践为特征的"适合研究"理念，实践中且行且悟，用我们草根的实践研究方式演绎我们的精彩。

第一节　试题情思特征与数学备考 [1]

《普通高中数学课程标准（2017 年版 2020 年修订）》指出："高中数学教学以发展学生数学学科核心素养为导向，创设合适的教学情境，启发学生思考，引导学生把握数学内容的本质。提倡独立思考、自主学习、合作交流等多种学习方式，激发学习数学的兴趣，养成良好的学习习惯，促进学生实践能力和创新意识的发展。注重信息技术与数学课程的深度融合，提高教学的实效性。不断引导学生感悟数学的科学价值、应用价值、文化价值和审美价值。"[2]

情思教育基于学习中的入与出的逻辑关系，强调教学要从学习的本质出发。教师通过有效的引情启思促行，引导学生渐次实现"入乎其内""沉乎其中""得乎其里""出乎其外"，即"情思教育"追求"入境、融境、悟境、出境"的教学四境，在教学四境的闭合循环的体系中促进学习者良好的行为习惯和行动能力素养的生长[3]。在"情思数学"教学中，"情"是"思"的外显，"思"是"情"的内隐，"情"与"思"相融共生。没有"情"的数学教学，一定是枯燥无味的，一定是让学生厌烦的；没有"思"的数学教学，一定是虚浮的、华而不实的。只有情思结合，才能让高中数学学习充满温度，形成梯度，达到高度[4]。由此可见，基于高考试题中的情思特征与数学解题教学融通的相关研究就显得十分重要而关键。2020 年全国 I 卷高考数学试题中有多题体现了情思特征，如全国 I 卷理科第 3、5、19 题，文科第 3、5、17 题。

下面以 2020 年全国 I 卷高考数学理科、文科试题第 3 题为例，从"入境、融境、悟境、出境"四境践行数学解题教学融通，从而诠释情思教育在数学解题教学中的应用。

1　此文发表在全国中文核心期刊《中学数学教学参考》2020 年第 11 期（上旬）。作者：刘峥嵘（情思数学研究项目成员）、陈洪义。

2　中华人民共和国教育部.普通高中数学课程标准（2017 年版 2020 年修订）［S］.北京：人民教育出版社，2020:3.

3　陈洪义.情思教育的理论与方法［M］.长春：东北师范大学出版社，2020:79.

4　王佳丽.建构小学"情思数学"课堂的思考实践 [J].江西教育，2020·(3):68.

一、"入境"是数学解题的基础

数学解题教学中的情思"入境",就是借助试题的情思特征,创设相宜的问题情境,引领学生"入乎其内",进入特定的知识场境之中,从而为学生的情感体验和认知深入创造积极的条件。情思教育强调教育教学立意,树立学生学习之魂,根本上就是为学生在学习体验中的意义学习和主动建构创造一种思维和思想场[1]。

例题:(2020 年全国 I 卷高考理科数学试题第 3 题)埃及胡夫金字塔是古代世界建筑奇迹之一,它的形状可视为一个正四棱锥。以该四棱锥的高为边长的正方形面积等于该四棱锥一个侧面三角形的面积,则其侧面三角形底边上的高与底面正方形的边长的比值为( )

A. $\dfrac{\sqrt{5}-1}{4}$ B. $\dfrac{\sqrt{5}-1}{2}$ C. $\dfrac{\sqrt{5}+1}{4}$ D. $\dfrac{\sqrt{5}+1}{2}$

该题以学生耳熟能详的世界建筑奇迹古埃及胡夫金字塔为情境,设计了正四棱锥的计算问题,将立体几何的基本知识与世界文化遗产有机结合,体现了数学的美,注重考查学生将实际问题抽象成数学问题的能力,同时也侧重考查学生的空间想象能力和逻辑推理能力。具体考查的知识点并不难。通过高中课程的学习,学生积累了一定的活动经验,抽象思维水平得到提高,逐步学会了用数学知识解决日常生活中存在的问题。试题通过具体、鲜活的情境考查学生的数学抽象核心素养,体现了素质教育引领下的立德树人的根本任务,也体现了浓郁的情思特征。

1.联系性。"胡夫金字塔"的情境充分体现了数学知识与数学知识、数学知识与生活现实的联系,旨在使学生有一种身临其境的感受,进而为数学问题

---

1 陈靖,韩焰明,陈洪义.高中历史"情思教育"的四重境界[J].教育与管理,2019(11):46-49.

的解决创造条件，为建构数学知识、发现其意义创造条件。

2. 激励性。"胡夫金字塔"与 2019 年全国高考数学试中的"断臂维纳斯"有异曲同工之妙，以古代建筑奇迹胡夫金字塔为依托，试题也注意吸收世界数学文化的精华，引导学生热爱数学文化，体现了数学来源于生活，与我们并不遥远。这样的情境具有新颖性、趣味性和生动性，有助于学生形成解决与探究的心理倾向。

3. 启发性。"胡夫金字塔"的情境蕴含着思维的方向、策略和方法，是学生发现问题、解决问题、发展思维的支架。它具有较强的暗示功能和启发功能，能考查学生数学学习与探究的能力。

二、"融境"是数学解题的要义

探索角度一：条件直译 + 整体构造

如图，设正四棱锥的高为 h，底面边长为 a，侧面三角形底边上的高为 h'，

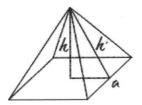

则依题意有：$\begin{cases} h^2 = \dfrac{1}{2}ah' \\ h^2 = h'^2 - \left(\dfrac{a}{2}\right)^2 \end{cases}$，因此有 $h'^2 - \left(\dfrac{a}{2}\right)^2 = \dfrac{1}{2}ah'$，化简得：

$$4\left(\frac{h'}{a}\right)^2 - 2\left(\frac{h'}{a}\right) - 1 = 0，解得 \frac{h'}{a} = \frac{\sqrt{5}+1}{4}.$$

探索角度二：条件直译 + 解方程

如图，设正四棱锥的高为 h，底面边长为 a，侧面三角形底边上的高为 h'，

则依题意有：$\begin{cases} h^2 = \dfrac{1}{2}ah' \\ h^2 = h'^2 - \left(\dfrac{a}{2}\right)^2 \end{cases}$，因此有 $h'^2 - \left(\dfrac{a}{2}\right)^2 = \dfrac{1}{2}ah'$，化简得：

$4h'^2 - 2ah' - a^2 = 0$，解得 $h' = \dfrac{\sqrt{5}+1}{4}a$，故 $\dfrac{h'}{a} = \dfrac{\sqrt{5}+1}{4}$.

探索角度三：特殊化 + 条件直译

如图，设正四棱锥的底面边长为 2，高为 h，侧面三角形底边上的高为 h'

则依题意有：$\begin{cases} h^2 = h' \\ h^2 = h'^2 - 1 \end{cases}$，因此有 $h'^2 - 1 = h'$，解得 $h' = \dfrac{\sqrt{5}+1}{2}$，故侧

面三角形底边上的高与底面正方形的边长的比值为 $\dfrac{h'}{a} = \dfrac{\sqrt{5}+1}{4}$.

探索角度四：根据黄金比例秒杀

胡夫金字塔是世界上规模最大的巨石建筑，建于 4500 多年前，被称为"世界古代七大奇迹"之一。胡夫是斯奈福尔王和霍特普勒丝的儿子，是第一位在基沙台地上兴建金字塔的国王。他的金字塔底部边长 230 米，高 146.5 米，共用 230 万块平均每块 2.5 吨的石块砌成，占地 52000 平方米。胡夫金字塔有很多令人吃惊的地方，如方位的测定之准确。其底部四边几乎是正北、正南、正东、正西，误差少于 1 度。但更令人玩味的，其实是金字塔在尺寸及几何上的数学巧合。若令金字塔的高度为 h、底面正方形的边长为 a、斜面三角形沿斜面上的高为 h'（186.4 米），则斜面三角形沿斜面上的高除以底边长的一半

$\left(\dfrac{2h'}{a}\right)=$ 黄金比例 1.618，即 $\dfrac{\sqrt{5}+1}{2}$。从而可推得，此题中侧面三角形底边

上的高与底面正方形的边长的比值为 $\dfrac{h'}{a} = \dfrac{\sqrt{5}+1}{4}$。

对问题进行多角度、深层次探究能够有效地帮助学生自主构建正四棱锥的认知网络，获得解决问题的方法，从而揭示问题的本质。通过比较各种方法的

优劣，可以有效地训练学生的思维，培养学生的数学核心素养，提高学生分析问题和解决问题的能力。更关键的是，在这种递进式深入的问题探究体验中，学生可以获得自主发现问题和有效解决问题的愉悦感受，有利于顺利完成数学概念的意义建构。

三、"悟境"是数学解题的升华

悟，就是参透、理解，常常带有深度思考的意思。著名数学教育家史宁对"悟"有其独特的理解，他认为："悟的形式其实就是学生的独立思考，或与他人的讨论与反思，并在此基础上形成的一种思维习惯。"借助反省思维的暗示原理，通过教师提供的转换"脚手架"，推动学生生成对问题的根本性认知，洞察本质或规律。这就是数学解题教学的悟境，即学生在融境中"得乎其理"，实现思想生成和情感升华[1]。

2020 年全国 I 卷高考理科、文科数学试题第 3 题是一道新情境题，此前学生没有遇到过这种问题情境。在新的问题情境下，学生需要将此前立体几何中形成的能力迁移到新情境中，这就是融境的体现。学生在融境中"得乎其理"在于悟理。"理"是指解题的道理、规律；"悟理"是指学生在解题及学习过程中，通过类比、联想、探究、构造等方式悟到解题突破点、解题方向、解题手段等关键要素的思维过程。学生是悟理的主体，在"悟"中获得感性认知和理性分析的体验，促进知识的内化和能力，实现"情"与"思"相融共生。

考虑到学生在解本题过程中可能遇到的"坎"有两个，在解题教学中，首要选择就是创设合适情境，让学生悟出"坎"的破解。第一个"坎"是将新情境抽象成具体的立体几何计算问题，蕴含其中的"理"就是画图并对已知条件进行直译，构造直角三角形，通过勾股定理建立相关量的关系式。解题的思维起点是题目的已知条件，已知条件的结构特征蕴含着思路的突破口。第二个"坎"是学生得到 $h'^2 - \left(\dfrac{a}{2}\right)^2 = \dfrac{1}{2}ah'$ 后如何求得 $\dfrac{h'}{a}$ 的值。即，沿着哪个方向求解有利于沟通已知与求解目标的联系。在这里，启迪学生抓住已知条件的涵义，多角度思考。探索的角度有三种：一种是整体构造，一种是将方程看成关

1　陈靖，韩焰明，陈洪义. 高中历史"情思教育"的四重境界 [J]. 教育与管理，2019（11）：46-49.

于 h' 的一元二次方程，一种是特殊化。

基于情思教育的数学解题教学就是激励学生在问题解决中不断突破难点、探索出结论，点燃学生的思维火花，推动学生生成对问题的根本性认知，洞察本质或规律，使学生在解题教学中"得乎其理"，实现思想生成和情感升华。

四、"出境"是数学解题的追求

情思教育的出境，就是学生已经完成了对知识的意义构建，形成良好的思维方式和态度价值观后能顺利"出乎其外"，以批判的眼光和开放的心态，理性思考新情境中的数学本质[1]。出境强调学习的"应用之行"，关键是变。变，是通过变换事物的非本质特征以体现事物的本质要素。相应的变式教学是指教师在教学中有目的地变换条件或情境，以凸显数学概念或规律的本质属性的教学。具体可以理解为对问题进行变通、推广，让学生能在不同角度、不同层次、不同情形、不同背景下重新认识问题本质。在数学解题教学中，变式能营造一种生动活泼、宽松自由的氛围，能开阔学生的视野，激发思维，有助提升学生的探索精神与创新意识，让学生在一个以情促思、以思生情、"情"与"思"交融的过程中学习数学，使他们在情感与认知的相互作用下，产生积极探索数学奥秘的学习欲望。

变式1：胡夫金字塔的形状为四棱锥，1859年，英国作家约翰·泰勒在其《大金字塔》一书中提出：古埃及在建造胡夫金字塔时利用黄金比例（ $\frac{\sqrt{5}+1}{2}=0.618$ ）。泰勒还引用了古希腊历史学家希罗多德的记载：胡夫金字塔的每一个侧面的面积都等于金字塔高的平方。如图，若 $h^2 = as$ ，则由勾股定理， $as = s^2 - a^2$ ，即 $\left(\frac{s}{a}\right)^2 - \frac{s}{a} - 1 = 0$ ，因此可求得 $\frac{s}{a}$ 为黄金数，已知四棱锥底面是边长约为856米的正方形（ $2a = 856$ ），顶点 P 的投影在底面中心 O ，H为 BC 中点，根据以上信息， PH 的长度（单位：米）约为（   ）。

---

1 陈靖，韩焰明，陈洪义. 高中历史"情思教育"的四重境界 [J]. 教育与管理，2019（11）:46-49.

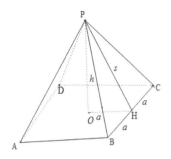

A．611.　　　　　B．481.4　　　　C．692.5　　　　D．512.4

变式2：《九章算术》是我国古代内容极为丰富的数学名著，书中有如下问题："今有委米依垣内角，下周八尺，高五尺，问：积及为米几何？"其意思为："在屋内墙角处堆放米（如图，米堆为一个圆锥的四分之一），米堆底部的弧长为8尺，米堆的高为5尺，问米堆的体积和堆放的米各为多少？"已知1斛米的体积约为1.62立方尺，圆周率约为3，估算出堆放的米约有（　　）

A.14斛　　　　　B.22斛　　　　C.36斛　　　　D.66斛

对问题稍加变动就创造了一个新的问题情境，学生由这个问题的处理转移到另外一个问题的处理时，可以更好地开发思维的潜力。立体几何是古代数学的一个重要研究内容，从古代数学中挖掘素材，考查立体几何的有关知识，既符合学生的认知水平，又可以引导学生将立体几何的基本知识与世界文化遗产、中华优秀传统文化有机结合，增强了数学问题的生活化，使数学的应用更贴近学生的生活实际，让学生感知数学的美。

情思教育强调引情启思和促行，在这种知行合一的教育实践中，促进学生综合素养的闭合循环生长。通过研究高考试题中的情思特征，践行情思数学解题教学，让学生感受到数学学习的温度，构筑学生数学学习的梯度，引领学生抵达数学学习的高度。

第二节　试题情思特征与英语备考 [1]

　　2020 年高考英语全国 I 卷体现了高考评价体系要求，呈现了其核心功能，即"立德树人、服务选才、引导教学" [2]。试题考查了学生的学科素养、关键能力和必备知识，所呈现的文本内容无不把学生与社会、生活和学习进行链接。下面以 2020 年高考英语全国 I 卷笔试部分为例，对英语高考试题的情思特征进行分析，并探讨教学融通策略。

一、英语高考试题的情思特征分析

　　情，指情感，强调的是立意与价值的高度；思，指思维，强调的是思考的宽度与深度。情感与思维是学生必备品格和关键能力的核心内容 [3]。所以，情思特征的关键表现就是学科育人。2020 年高考英语全国 I 卷笔试部分包括六种题型，分别为阅读选择、阅读填空、完形填空、语法填空、短文改错和书面表达。试题语篇呈现以下明显特征。

（一）语篇的主题语境类型

　　试题语篇围绕人与自我、人与社会和人与自然三大主题语境。阅读选择 A 篇介绍列车服务的相关信息，包括失物招领服务、假期运行说明和列车时刻表。阅读选择 B 篇阐述作者反复阅读自己所喜爱书籍的感悟，在不断的反复阅读中思考和提升自己。阅读选择 C 篇介绍竞走运动及其与跑步的不同之处。阅读选择 D 篇介绍一项科技研究，并展望未来有可能利用该研究服务和改善我们的生活。阅读填空语篇介绍一些自我接纳的小技巧，反思怎样成为更好的自己。完形填空语篇讲述了一个父母对孩子教育问题思考的故事，故事夹叙夹议，围绕着作者对其双胞胎孩子说谎后的担心与焦虑而展开。语法填空语篇讲述嫦娥四号无人探测器在月球背面成功着陆的重大事件。短文改错语篇讲述作者第一次做西红柿炒鸡蛋的经历。书面表达为简介自己身边值得尊敬和爱戴的人。

1　此文发表在全国中文核心期刊《教学月刊（中学版）》。作者：黄敏丹（情思英语研究项目成员）、陈洪义。

2　教育部考试中心. 中国高考评价体系 [M]. 北京：人民教育出版社，2019:6.

3　陈洪义. 情思教育的理论与方法 [M]. 长春：东北师范大学出版社，2020:62.

（二）语境的情思育人导向

试题语篇的学科育人情思特征非常明显。阅读选择 A 篇践行了中国共产党十九大报告中要求"发展社会主义先进文化，不忘本来、吸收外来"[1]的指导精神，也体现了培养学生具有国际视野的要求。阅读选择 B 篇和阅读填空语篇着眼于人要认识自我、丰富自我、完善自我，涉及美育知识，引导学生养成审美情趣，体现了党和国家对学生在美育方面的培养要求。阅读选择 C 篇聚焦体育运动，提出健康运动的理念，体现了党和国家对学生在体育方面的培养要求。阅读选择 D 篇关注科技创新，体现了党和国家对学生在智育方面的培养要求，致力于引导学生培养创新精神、实践能力。完形填空语篇关注家庭教育，体现了党和国家对学生在德育方面的培养要求。语法填空语篇践行了中国共产党十九大报告中要求坚持文化自信的指导精神。短文改错语篇倡导积极的劳动观，体现了党和国家培养学生社会责任感和实践能力的要求。书面表达引导学生养成正确的价值观，践行社会主义核心价值观。

总的来说，2020 年高考英语全国 I 卷体现党的十九大报告中关于教育的要求，致力于培养德智体美劳全面发展的社会主义建设者和接班人，培养学生社会责任感、创新精神、实践能力，并倡导坚持文化自信，培育和践行社会主义核心价值观，发展社会主义先进文化，不忘根本的同时要吸收外来先进文化。试题彰显学科育人理念，蕴藏丰富的情思特征。

二、英语教学中的情思融通策略探讨

英语高考试题的情思特征指引着我们的教学融通方向。情思融通就是要运用一把基于育人需要的价值理解、价值判断的尺子，对课程知识进行科学的融通建构和处理。英语教学要坚持指向学生未来、学生生活和学科学习，要求教师挖掘英语课程内容的共情点和引思点，把学科课程内容与社会、生活和自然进行意义链接，以英语教学四境的融通汇合形式，让学生在学科学习提升的同时，融入社会，融入生活。

（一）入境：主题引领

英语教学情思融通策略中的入境就是指基于单元的主题和语篇的意义，教

1　决胜全面建成小康社会 夺取新时代中国特色社会主义伟大胜利——在中国共产党第十九次全国代表大会上的报告 [EB /OL]. http://www.xinhuanet.com/2017−10/27/ c_ 1121 867529.htm.1

师以一定的方式创设一定的情境引导学生快速对主题意义有一定的宏观理解。这些情境创设的方式，即入境方式，可以是多样的，主要包括呈现与主题意义相关的图片、播放与主题意义相关的音乐或者视频、创设与主题意义相关的问题。当然，教师首先要对语篇的主题意义进行深入的探究，然后再创设情境，这样才能确保所设情境与所学语篇的主题意义一致。以下是针对三种入境方式做出的一些思考。

1. 呈现与主题意义相关的图片

以人教版普通高中课程标准实验教科书（以下简称 NSEFCS) Book 8 Unit 1 为例，单元主题为 "A Land of diversity"，阅读语篇为 "California"。整个单元围绕具有多元文化的美国这一主题展开，其中重点介绍了 California 的多元文化特征。California 拥有多元文化，很重要的原因是历史上在不同时期有不同文化的人群进入。早期进入的人群与地域有关联。为了激活学生对 California 的多元文化这个概念的认识，笔者先是让学生去观看世界地图，并设置填图题，加深学生对 California 地理位置的了解。填图题中，设置填空的地方包括 California 的具体位置和语篇中提到的 Bering Strait、Russia、Mexico、Alaska 等等这样关键信息。这样，学生就比较容易理解语篇中所说的科学家们相信至少 1500 年以前美洲土著人就住在 California 了，并认为这些前迁居者是通过史前时代曾经存在的大陆桥穿过北极地区的白领海峡到达美洲的。另外，对于 California 曾经成为墨西哥的一部分和俄罗斯人通过阿拉斯加达到 California 的历史将更加容易理解。

2. 播放与主题意义相关的音乐或者视频

NSEFCS Book 8 Unit 2 Cloning 的单元阅读语篇为 "Cloning: where is it leading us？"阅读语篇重点介绍了克隆的定义、应用、过程以及它带来的争议。如果能让学生了解克隆的过程，其他方面的理解就相对容易了。于是，笔者在课前先让学生观看了一段名为"神奇的克隆"的小视频。在小视频中，学生透过视觉了解克隆的过程，迅速进入语篇的主题语境，为接下来的学习打下了基础，同时对克隆的进一步探究产生兴趣。

3. 创设与主题意义相关的问题

NSEFCS Book 7 Unit 5 的单元主题为 "Travelling abroad"，阅读语篇为 "Keep it up, Xie Lei—Chinese student fitting in well"。单元的中心话题是出国学习或旅游。阅读语篇始终围绕这一主题展开。其介绍了主人公谢蕾第一次去国外求学进行预科班时所面临的问题，以及房东和导师对她的帮助使她大胆正视困难，迎接挑战，最终树立信心。根据对该单元语篇主题意义的分析，笔者设计了以下问题帮助学生入境：What will you prepare before you study abroad? 在学生回答时尽量不要限定答案，训练他们的发散性思维。但是，最后要把他们往文章的主题上引。学生基本会想到 get a passport、get a visa、develop a budget 这些常规问题。这时候就需要教师继续提问：What difficulties will you meet when you study abroad? 这时他们就会想到可能会遇上语言沟通的问题、文化差异的问题，继而回答说要提前弄清楚一些当地的风俗习惯和学习情况，准备好一些翻译工具和提前学好一些实用的交际用语，等等。这样，学生就已经进入到学习的内容了。笔者始终坚信，要基于主题意义，来寻求共情点和引思点，并从此处帮助学生快速入境。

（二）融境：学习理解

英语教学情思融通策略中的融境就是指在主题意义的引领下，教师创设一定的步骤、题目和情境，帮助学生运用语言技能和学习策略获取、梳理、整合阅读语篇的语言知识和文化知识。融境就是把英语课程内容六要素进行整合的过程。

例如在上文提到的"California"教学中，帮助学生入境后，让他们迅速浏览语篇文本的小标题，并思考题目与它的下级小标题的关系。同时，笔者在黑板上画出相关的思维导图。这样，学生对文章脉络有了一个整体认识。让学生快速完成五道阅读选择题，这些题目的题干为：

1. The text mainly talks about _____.

2. How did California become a state of America?

3. Which of the following statements is NOT true?

4. What was the main reason for the Chinese immigrants to come to California?

5. Why has California attracted so many people?

这些题目的设置旨在让学生对篇章的理解又深一个层次，同时也训练他们的阅读理解能力。然后，让学生归纳每个小标题下的段落大意。接着让他们浏览课文，按照所给的时间轴整理出 California 的重大历史事件，如：15000 years ago—16th century—1821—1846—1848—1850。让学生按移民时间将文化族群分类，如以下三类：Early settlers, Later arrivals, Recent arrivals。另外，笔者利用阅读的第二课时，以语法填空的形式，把要学习的重要词汇呈现出来。语法填空语篇既是对课文内容的归纳又是为学生接下来的学习创设了情境。同时在课中学习语言知识包括课文中的词、短语和句子的时候，也努力地把这些知识与学生认知范围内的社会、生活和自然连接起来，让他们始终在探寻意义中学习。在这些问题的解决过程中，学生始终围绕着语篇的主题，运用他们的语言技能和学习策略，获取、梳理、整合阅读语篇的语言知识和文化知识，主题语境深深地融入到整个学习过程。

（三）悟境：应用实践

英语教学情思融通策略中的悟境就是学生在融境后能探究出主题意义，理解语言，赏析语篇，挖掘出文化内涵，汲取文化精华，并且通过教师设计的情境把融境所得在应用实践中体现出来。

还是以"California"教学为例。学生通过融境进行了一系列的学习理解活动后，笔者让学生按照以上提及的时间轴，对课文进行复述，并提出几个问题让学生思考：Why is California such a multicultural community? What problems do you think might arise? Explain in your own words and write three or four sentences. Compare your answers with your partner and be prepared to tell your ideas to the class. 学生思考和回答这些问题实际上就是探究出主题意义，挖掘出文化内涵。

又如 NSEFCS Book 5 Unit 5 的阅读语篇为"First aid for burns"。本单元围绕学生如何在各种受伤情况下进行急救护理，重点介绍了烧伤的特征、类型、特点以及应如何进行急救护理。在结束对文本的理解活动后，笔者呈现了如图1 中的三种烧伤类型，然后让学生对三种不同情况实施急救。学生的这个活动就是在学习课文知识后的应用实践，是情思融境后的情思悟境。

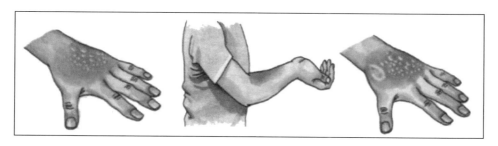

图 1

（四）出境：迁移创新

英语教学情思融通策略中的出境就是指学生基于主题意义对阅读语篇完成学习理解、应用实践一系列活动后，即完成入境、融境和悟境后，能创造性地表达个人意图、观点和态度并付之于行动。

以"First aid for burns"教学为例。在完成入境、融境和悟境实践后，笔者设计了一个成年人落水后的情境，让学生实施急救并要求他们用英语把急救过程表达出来。学生基本能大概地呈现和表达出来。随后，笔者播放一条溺水急救的视频，让学生认真观看学习正确的急救方法。最后，笔者还鼓励学生说出更多的其他受伤情况时的急救方法。又如 NSEFCS Book 8 Unit 3 Inventors and inventions 的阅读语篇为"The problem of the snakes"。此单元主题围绕发明和发明创造而展开。单元的阅读语篇重点介绍了捕蛇的创造性方法。于是，笔者在出境这一环节中，布置了一个课外任务，让学生回去思考并设计一个物品以供某种用途。学生交上来的答案千奇百怪，但都非常有创意，体现了学生的愿望，是他们心中所想，然而又必须通过学习思考才能实现，能很好地培养他们的创新思维。出境是情思教学的出口，也是党和国家对于教育培养人才的要求，体现了立德树人的时代特征。

2020 年高考英语全国 I 卷凸现了中国高考评价体系的核心功能，把立德树人放于首位，很好地发挥高考的教学引导作用。基于英语高考试题的情思特征，教师在教学中可以以四境为径，构建情与思的融通教学，以境引情，以情诱思，以思促行，能很好地体现教与学的知行合一，实现英语教学育分与育人同向前行的目的。

第三节　试题情思特征与作文备考 [1]

作文，在高考语文整份试卷中占有半壁江山的分量。所以，高考作文对语文教学的导向作用非常明显。原高考语文评卷组组长柯汉琳教授曾提出建议："中学语文作文教学不仅要让学生获得一定的语文能力，同时要能让他们更聪明一点，有更强的思维能力。""更聪明一点"就是要学生与作文立意保持良好的共情力，"更强的思维能力"就是要学生有严实的问题剖析能力和思维建构能力。把握高考作文的情思特征，寻找情与思融通的语文学习路径，是提升学生的作文意识与作文能力的关键，也是发展学生语文核心素养的重要方式。

一、情思特征：立德树人下高考作文的立意取向

笔者梳理近五年全国卷作文题目发现，从作文题目考查形式看，多以材料作文为主，材料有比较大的张力，而且更注重考查学生的理性思维和思辨能力。从作文题目命题立意看，主要体现为：关注核心素养，形成价值理念；讲述家国故事，激发爱国热情；关注青年成长，重视理想塑造；关照社会现实，思考现实人生；重视思维能力，包含哲理要素。2020年高考语文全国卷，可以说沿续了上述的特点，全国卷三套作文题都体现了学科素养发展的要求，更注重情感和思维的考查，关注青年成长和家国情怀，引导学生树立正确的价值观和人生观。

2020年高考作文全国三套卷		涉及的论题	情境	思维
全国I卷	春秋时期，齐国的公子纠与公子小白争夺君位，管仲和鲍叔分别辅佐他们。管仲带兵阻击小白，用箭射中他的衣带钩，小白装死逃脱。后来小白即位为君，史称齐桓公。鲍叔对桓公说，要想成就霸王之业，非管仲不可。于是桓公重用管仲，鲍叔甘居其下，终成一代霸业。后人称颂齐桓公九合诸侯、一匡天下，为"春秋五霸"之首。孔子说："桓公九合诸侯，不以兵车，管仲之力也。"司马迁说："天下不多（称赞）管仲之贤而多鲍叔能知人也。"班级计划举行读书会，围绕上述材料展开讨论。齐桓公、管仲和鲍叔三人，你对哪个感触最深？请结合你的感受和思考写一篇发言稿	文化传统与家国情怀	班级计划举行读书会，围绕上述材料展开讨论。齐桓公、管仲和鲍叔三人，你对哪个感触最深？请结合你的感受和思考写一篇发言稿	把家国情怀寄托在人物思悟之中的二维结构

1　作者：严泳洁（情思语文研究项目成员）、陈洪义。

续表

	2020年高考作文全国三套卷	涉及的论题	情境	思维
全国Ⅱ卷	墨子说："视人之国，若视其国；视人之家，若视其家；视人之身，若视其身。"英国诗人约翰·多恩说："没有人是自成一体、与世隔绝的孤岛，每一个人都是广袤大陆的一部分。" "青山一道同云雨，明月何曾是两乡。""同气连枝，共盼春来。"……2020年的春天，这些寄言印在国际社会援助中国的物资上，表达了世界人民对中国的支持。 "山和山不相遇，人和人要相逢。""消失吧，黑夜！黎明时我们将获胜！"……这些话语印在中国援助其他国家的物资上，寄托着中国人民对世界的祝福。 "世界青年与社会发展论坛"邀请你作为中国青年代表参会，发表以"携手同一世界，青年共创未来"为主题的中文演讲。请完成一篇演讲稿	"中国故事与人类命运共同体"	"世界青年与社会发展论坛"邀请你作为中国青年代表参会，发表以"携手同一世界，青年共创未来"为主题的中文演讲。请完成一篇演讲稿	"携手世界"与"青年发展"的有机统一的二维角度
全国Ⅲ卷	人们用眼睛看他人、看世界，却无法直接看到完整的自己。所以，在人生的旅程中，我们需要寻找各种"镜子"、不断绘制"自画像"来审视自我，尝试回答"我是怎样的人""我想过怎样的生活""我能做些什么""如何生活得更有意义"等重要的问题。 毕业前，学校请你给即将入学的高一新生写一封信，主题是"如何为自己画好像"，与他们分享自己的感悟与思考	青年成长	毕业前，学校请你给即将入学的高一新生写一封信，主题是"如何为自己画好像"，与他们分享自己的感悟与思考	从自我认识到自我塑造的人生认识的二维思维的递进

从表格的分析可以看出，2020年高考三套试卷中的作文命题均以应用写作为体裁，侧重情境的设计和思维的考查。而情境的选择则关注时政主题和青年成长。全国Ⅰ卷要求以"文化传统与家国情怀"为主题写作发言稿，以"齐桓公、管仲和鲍叔"人物读书会为境，促进学生形成家国情怀寄托在人物认识之中的二维思维结构。全国Ⅱ卷要求以"中国故事与人类命运共同体"为主题写作演讲稿，以"世界青年与社会发展论坛"为境，促进学生从"携手世界"与"青年发展"相统一的二维角度思考未来担当。全国Ⅲ卷要求以青年成长为主题写书信，以"自画像"为境，促进学生从自我认识到自我塑造的二维思维递进中深化人生价值的理解和认识。

由此，我们可以看出，2020 年全国卷作文题的命题特点均以情境应用写作作为学生情感与思维的输出形式，要求学生要有准确的情境共情意识，也要有合理的思维谋篇能力，才能准确理解材料立意，正确把握写作方向，做到行文布局不走偏。

从心理学层面分析，情感、思维是意识的范围，日常是以内隐形式存在于主体意识之中。高考作文凸显的情思特征，强调考查学生的情感与思维发展水平。学生的作文里，学生的核心素养从内隐形式转化为外显形式，实现对学生必备品格和关键能力的考查。基于高考作文情思特征，确立语文作文教学情思融通的路径有两个关键节点：一是情感立意的高度；二是思维建构的深度。这与"情思教育"强调的"以境引情，以情诱思，以思促行"的特征不谋而合。

二、情思融通：作文教学撬动学生深层素养的生成支点

情思教育认为"情"不只是情境，还包括情感；"思"也不只是思考和思维，还包括思想。因脑而教的情思合一，是情思教育的核心追求和关键原则。基于高考语文作文的情思特征，作文教学理应强调情思合一，融通情感培育和思维培养，以情感撬动思维，以思维升华情感。

（一）以情启思：情感温度凸显写作立意的高度

《普通高中语文课程标准（2017 年版）》在"课程目标"中提出："通过学习运用祖国语言文字，体会中华文化的博大精深、源远流长，体会中华文化的核心思想理念和人文精神，增强文化自信，理解、认同、热爱中华文化，继承、弘扬中华优秀传统文化和革命文化。""关注、参与当代文化。关注并积极参与当代文化传播与交流，在运用祖国语言文字的过程中，坚持文化自信，提高社会责任感，增强为中华民族伟大复兴而奋斗的使命感。"

高三作文教学只有把"情"融进每一次作文讲评和写作中，才能引导学生真正关注生活，关注自身，关注社会，才能提升作文的立意高度，真正提升学生的语文核心素养。

例如讲评"2020 年广州市高三线上统一测试作文"：一方面，继续强化审题能力训练，夯实作文增分策略；另一方面，借助这个作文题目的有效讲评，引导学生理解人与人之间的互相信任、彼此尊重、和谐友善是中华优秀传统。

所以，笔者通过相关视频来设置情境，让学生感受人与人之间的互相信任、

彼此尊重、和谐友善是中华优秀传统。学生只有感受到中华优秀传统文化、文明理念的传承，才能从更高的角度来立意。

本次作文讲评课的设计思路：

以境引情	以情诱思	以思促行
课前播放《国家相册》特别节目：冬去春会来（铭记伤痛，致敬勇敢，汇聚必胜的力量）	1. 师生研读学生习作片段，寻找审题存在哪些问题？ 2. 高考审题立意的方法是怎样的？出题人为什么不选择老师选的感人的图片作为材料？（通过对比，思考审题的关键突破点在哪里） 3. 文明和谐的社会需要怎样的人际关系？你还能举出典型的事例吗？（正面或反面）	师生赏读优秀范文，深刻理解审题能力对高分作文的影响，强化写作审题能力。

（二）以思促行：思维宽度突显写作言理的深度

"认识的肤浅和思想的苍白正是这一代中学生的通病，不加强理性思维的训练，就会降低整整一代人的水平。"上海特级教师毛荣富对中学生的思维能力的担忧无疑给我们一线的语文老师提出了明确的作文备考方向。

2017 年，教育部发布《普通高中课程方案和语文等学科课程标准（2017 年版）》，提出"核心素养"的概念。核心素养的第二点"思维发展与提升"和高考考纲对"写作"的考试要求中的发展等级的"深刻"这一考点的能力要求一致。

简单地说，无论是核心素养还是高考考纲，都要求学生经过高中三年的语文学习，能够通过作文体现其应有的思维能力和良好的价值理念，写出有深度的作文。在作文教学中，以思维为支点，通过合理的选材，合适的主题引领，可以实现"以思促行"，培养学生写作言理的深度。

1. 与生活联接，关注热点社会题材

现在的高考作文与社会现实结合紧密，所以高三的作文备考不可能闭门造车，教师应该引导学生关注生活和现实。但是我们说的关注现实不是指简单地看看新闻、读读报，而是要结合事件对相关的人和评论（尤其是《人民日报》和新华社等的评论）进行整理，从多个角度还原和了解事件，训练学生的理性思维和辩证思维。这种做法我们称为"故事与时评"系列。从 2005 年开始，笔者所在的学校就以此为课题展开实践和研究，用读写结合的方式来进行写作思维训练，强化学生的思维意识与思维能力。

以2020年作文备考人物专题的素材积累和训练为例，见下表。

人物专题				
序号	人物	时事	阅读主要时评文章	思考与写作训练
1	孙杨	孙杨领奖事件	《孙杨为何也被警告？"领奖台风波"的根源在哪里？》《是谁逼得孙杨无惧警告》《孙杨与姚明的不同之处》《比赛见格局，输赢见人品！》	孙杨领奖事件发生后，很多网友力挺孙杨，认为："他拿了那么多金牌，理应得到尊重。"有人认为，孙杨作为当事人，如果能原谅霍顿对他本人的冒犯，这就是容人之度；还有人说，让自己站在规则一边，就是让正义站在自己一边。对于这件事，你有何感受、联想和思考？写一个300字左右的片段
		孙杨被禁赛8年	联系:刘翔、林丹和李宗伟、姚明	
2	林书豪	"林疯狂"登陆CBA	《"林疯狂"登陆CBA再书豪情》	阅读《新闻周刊》的采访后，请你给新加入北京首钢男篮的外援林书豪写一封200字左右的贺信
3	赖宣治	跳绳改变命运	《赖宣治：跳绳改变命运》《"一根跳绳"的体育启示》	请以"教育的温度与人文关怀"为题写一个片段
4	兰会云	骑行到远方	《"老师带学生骑行"是给社会的教育公开课》	
5	中国女排	2019世界杯11连胜	《不服输不信邪不畏强 科比发文点赞郎平和女排精神》《壮哉，女排精神！》《女排精神，最是拼搏动人心》《郎平人民日报写专栏:奋斗精神永不过时》	阅读女排和朱婷的时评材料，你认为女排精神是什么？对此你有怎样的思考？
	中国女排队长朱婷	01.出身贫寒，一顿饭一毛钱，兄弟姐妹衣服轮流穿 02.13岁，遇见排球。抽筋、腿疼、撞伤是常事，多次哭着向父亲说想回家 03.千里马遇见伯乐。她们是师徒，但更像母女，"她每天都会叮嘱我吃饭" 04.刷微博、玩微信、睡硬板床，她依旧是那个大大咧咧的朱婷		

续表

	人物	时事	阅读主要时评文章	思考与写作训练
6	李子柒	李子柒,是谁?	《李子柒,怎么就这么红?》《李子柒为何能走红海外》《新华社评:读懂"李子柒",此中有真意!》	12月14日,李子柒身着古风改良长裙,作为"年度文化传播人物",登上了中国新闻周刊2019年度影响力人物榜单。颁奖盛典上,当主持人问及面对外界不同声音有什么看法时,她答道:"能够做自己喜欢做的事,这也算是意外收获。"但与此同时,李子柒在国内争议四起。知乎上有一个话题:"如何评价李子柒"。赞她的人说她的视频能让人安心,"给人一种逃离快节奏、舒适安宁的感觉,一种'采菊东篱下,悠然见南山'的隐世状态"。其中最高赞答案:李子柒的海外视频对外文化的影响力,可以抵得上1000个CGTN。就连微博CEO千面娇娃杨老师也称赞,李子柒是"我国为数不多的、实打实的文化输出"。然而也有人说:"这不可能,不可能的,一定是假的。""视频中的农村生活不是这样的,这是脱离了实际的摆拍。"对此,你怎么看?
7	2019共和国勋章获得者	国家主席习近平签署主席令,授予8人"共和国勋章",授予28人国家荣誉称号	《人民日报评论员:向功勋模范人物致敬!》《英雄的礼赞 奋进的凯歌》2019国家勋章和国家荣誉称号获得者名单完整版	在庆祝中华人民共和国成立70周年之际,于敏、申纪兰(女)、孙家栋、李延年、张富清、袁隆平、黄旭华、屠呦呦(女)被授予"共和国勋章"。沉甸甸的勋章,映照着英雄们史诗般的光辉人生,饱含着全国人民对他们的崇高敬意。如果你是推荐人,你还想推荐谁作为"共和国勋章"的人选?请给出合理的理由。不少于300字
8	科比	缅怀科比:我们不会忘记	《缅怀科比:我们不会忘记》《凌晨四点洛杉矶从此再无科比》	从小学到中学,科比陪伴了无数人的青春时光,也唤起许多年轻人对篮球的热爱。曾有记者问他为何成功,他回答:"你见过凌晨四点的洛杉矶吗?"不惧风雨的奋斗精神,不论是篮球还是生活,都值得铭记。

续表

	人物	时事	阅读主要时评文章	思考与写作训练
8	科比			请认真阅读时评材料，以"我不会忘记_____"为题，写一个片段，表达你对科比的缅怀之情
9	钱学森	钱学森逝世10周年	《伟人钱学森》《除了"两弹一星"，钱学森还给我们留下了什么》 2007年感动中国组委会授予钱学森的颁奖词：在他心里，国为重，家为轻，科学最重，名利最轻。5年归国路，10年两弹成。开创祖国航天，他是先行人，披荆斩棘，把智慧锻造成阶梯，留给后来的攀登者。他是知识的宝藏，是科学的旗帜，是中华民族知识分子的典范	毛泽东主席说："鲁迅的骨头是最硬的，他没有丝毫的奴颜和媚骨，这是殖民地半殖民地人民最为宝贵的性格。"请你阅读钱学森的相关时评材料，谈谈他身上体现了"中国人什么宝贵性格"？

2. 构建主题性作文知识体系和话语背景

从历年全国卷的作文题看，命题的两个关键是社会现实和传统文化，所以关注社会现实和传统文化的传承，学会独立思考，并且树立正确的世界观、人生观和价值观才是作文备考的根本。教师可以引导学生围绕"一驱四核"来梳理社会主义核心价值观与中华传统文化，从高考真题中选取范本，结合模拟题目进行整理，同时拓展时评素材的思辨阅读领域，为写作构建知识和话语背景。

核心素养	核心主题	高考作文六大母题		高考作文思辨范本（时评阅读材料）
		真题	预测	
人文底蕴	人文积淀、人文情怀、审美情趣	1.2019年全国III卷作文题 2.2019年北京卷作文题 3.2019年上海卷作文题	2020年广州一模作文：表达你对文化交流发展的认识与思考	1.《"干惊天动地事，做隐姓埋名人"习近平赞扬他们为民族英雄》（新华社） 2.人民日报精选时评：《有利益考量，也要有理想情怀》《有"批判精神"，也要有"建设心态"》《有个体意识，也要有全局观念》《有"问题意识"，也要有"过程意识"》《有"权利意识"，也要有"法治观念"》
科学精神	理性思维、批判质疑、勇于探究	2019年浙江卷作文题	2020年深圳高三第二次线上测试作文：一个人应该有什么样的自我视角，又渴望获得怎样的他人视角，这值得每一个人深思	
学会学习	乐学善学、勤于反思、信息意识	2017年浙江卷作文题	2020年番禺区3月线上检测作文：从中选择两三个关键词，写一篇文章呈现你的思考，以及你所获得的成长和改变	
健康生活	珍爱生命、健全人格、自我管理	2015年全国I卷作文题	1.2020年"深圳一模"作文试题：电视台举办"体育强国：少年何以强"主题论坛，请嘉宾们各抒己见。请你以其中一位嘉宾的身份，写一篇发言稿。 2.2020高三广东二模作文：请你以小武的身份，选择某一类长辈，就"公共生活与卫生安全"的问题，谈谈你的思考和认识	
责任担当	社会责任、国家认同、国际理解	1.2019年全国II卷作文题 2.2019年北京卷作文题 3.2019年天津卷作文题	1.2020年高三广州二测作文：对个体、群体和人类命运共同体，人们有很多的感受和认识。 2.2020年"深圳二模"作文试题：我们正在创造中华民族复兴的宏大图景，你作为新时代的青年人，对此有怎样的思考？又应该有怎样的行动？	
实践创新	劳动意识、问题解决、技术运用	2019年全国I卷作文题	2020年高考作文考前热审题：写一篇演讲稿，倡议大家"推行垃圾分类，践行绿色发展"，体现你的认识与思考，并提出希望与建议	

结 语

深圳教科院教研员葛福安老师曾指出："应试作文写作的顶层设计，如果能指向情怀、价值观、哲学层面，这样的文章的境界和层次，应该是不一样的。"

日常的写作教学，尤其是高三的作文备考复习中尤其要引导学生思考，对学生进行思维训练。所以我们提倡语文作文教学"以情感撬动思维"，借助"以境引情，以情启思、以思促行"的情思合一教学理论，从"情—思—行"三个维度寻求优化作文教学的对策。只有扎扎实实训练思维和议论分析能力，才能学会从多维度多层面阐述材料，才能切实提高议论分析能力，才能从根本上解决学生的思维能力不高的问题，也才能真正落实语文核心素养的提升。

第四节 英语阅读课堂与情思植入 [1]

　　情思育人因子这一概念来源于"情思教育理念"。"情思教育理念"是基于学生核心素养发展的一种因脑而教的新教育理念。情，是指情感；思，是指思维。情思教育强调在情思交融的浸润式、感召式、唤醒式的境悟中实现润物无声的无痕教化；同时强调课堂教学的定位要由学科教学转向学科教育，实现育人与育分的统一。情思教育理念强调把知识作为获取方法与形成能力、品格、价值观的内容载体，强调创设情景让学生去感悟。情思教学的操作路径包含"入境、融境、悟境和出境"四境。本文所说的情思育人因子是指，基于情思教育理念，在英语教学中能培养学生的社会责任感、创新精神、实践能力等的各种元素。

　　主题语境作为英语科核心素养六要素之一，为语言学习提供意义语境，并有机渗透情感、态度和价值观。在英语阅读教学中科学植入情思育人因子实际上就是对主题意义的科学探究。对主题意义的探究视为英语课程教与学的核心任务。

　　目前，在高中英语阅读教学中，大部分教师都注意到对主题意义的探究，即在教学中科学植入情思育人因子。但是在植入的过程中仍然存在不少的问题。以下为笔者在三大主题语境中对情思育人因子科学植入做出思考的一些案例与反思。

一、基于人与自我主题语境的植入

　　《普通高中英语课程标准（2017 年版）》（以下简称《课程标准》）对人与自我主题语境内容要求如表 1。

1　此文发表在《少男少女·教育管理》2020 年第 5 期。作者：黄敏丹（情思英语研究项目成员）。

表1 普通高中英语课程主题语境内容要求

主题语境	主题群	主题语境内容要求
人与自我	生活与学习 做人与做事	1. 个人、家庭、社区及学校生活； 2. 健康的生活方式、积极的生活态度； 3. 认识自我，丰富自我，完善自我； 4. 乐于学习，善于学习，终身学习； 5. 语言学习的规律、方法等； 6. 优秀品行，正确的人生态度，公民义务与社会责任； 7. 生命的意义与价值； 8. 未来职业发展趋势，个人职业倾向、未来规划等； 9. 创新与创业意识

人教版高中英语必修5第4单元是"Making the news"，阅读部分的文章题为"My first work assignment 'Unforgettable', Says new jowrnalist"。按照表1的要求分析得知，该篇阅读文章属于人与自我主题语境，涉及的主题语境内容要求包括4和8。根据主题语境内容要求，解决了"what"的问题，于是，针对"what"思考"why"和"how"的问题。这样，对于主题意义的探究就有了落脚点，不至于方向错误，并且更有利于对其进行深层的探究。对于要求探究"乐于学习、善于学习"，思考其缘由，是为了让学生学习和践行乐于学习，善于学习的优秀品质。那怎样才能做到呢？笔者认为，要基于"My First Work Assignment 'Unforgettable', Says New Journalist"一文的文本，帮助学生分析出Zhou Yang身上乐于学习，善于学习的优秀品质。另外，对于另一探究要求"未来职业发展趋势，个人职业倾向、未来规划等"，探寻其目的是让学生了解新闻行业的具体情况和内部流程及其对从业人员的基本素质要求。因此，教师必须帮助学生基于文本，梳理脉络，整合信息，帮助他们了解新闻采访的基本程序及采访时应该注意的要点；基于文本，帮助学生分析出新闻工作者应该具备的素质，并设计情景让学生进行新闻采访，让他们熟悉新闻采访的基本程序及采访时应该注意的要点，训练并生成新闻工作者应该具备的素质。

通过以上分析与思考，结合阅读课的具体情况，把问题与任务重新进行梳理，理出了一条主线，然后再具体地设置各课中的步骤。该节课的设计思路如图1。

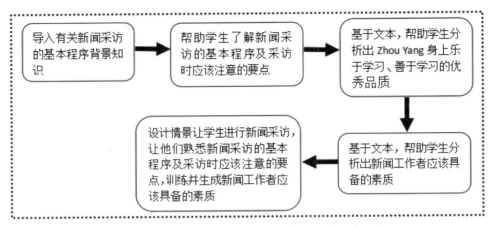

图1 必修5第4单元阅读课主题意义探究设计思路

导入背景知识时，可借助视频，调动学生的视觉并造成冲击，更有利有学生尽早地、有效地入境。在学习课文文本的过程中，设计各种类型的题目，一直关注情境的设计，帮助学生融境、悟境，最终帮助学生出境，以达成迁移创新的目标。反思本节课的设计思路，不难发现，基于主题语境内容要求而进行的主题意义的探究，着实能够解决目前英语阅读课中存在的部分问题，如对于主题意义的探究的偏离、深度不够或者是学生参与度不够等。

二、基于人与社会主题语境的植入

课程标准对人与社会主题语境内容要求如表2。必修5第1单元"伟大的科学家"，阅读部分的文章题为"John Snow defeats'King Cholera'"。按照表2的要求得知该单元属于人与社会主题语境。其阅读文章涉及内容要求的9、14和16点。因此，在对该文章主题的探究时，就要针对这几点而进行，才能做到情思因子的科学植入。也就是思考为什么和怎么样学习"对社会有突出贡献的人物""历史事件"和"科学精神"。学习"对社会有突出贡献的人物"，无非就是让学生从他们身上学习优秀的品质。那么教师就需要帮助学生基于文本，引导他们分析出 John Snow 身上的优秀品质。学习"历史事件"，就是要求学生弄清楚这一历史事件的来龙去脉，并从中吸取历史教训。教师首先要帮助学生了解霍乱肆虐伦敦的历史背景；其次要帮助学生基于文本，整合信息，使其了解清楚 John Snow 如何打败霍乱的过程；最后要让学生总结历史教训，并设计情境让学生思考现在和展望未来应该怎样做以免重蹈覆辙。学习"科学精神"

的目的在于让学生理解科学精神的具体内容并学习与践行它们，使之变成学生本身的品质。在学生总结科学探究精神的具体步骤和思路基础上，教师设计任务让学生运用它们进行自己的研究。

表2 普通高中英语课程主题语境内容要求

主题语境	主题群	主题语境内容要求
人与社会	社会服务与人际沟通 文学、艺术与体育 历史、社会与文化 科学与技术	1. 良好的人际关系与社会交往； 2. 公益事业与志愿服务； 3. 跨文化沟通、包容与合作； 4. 小说、戏剧、诗歌、传记、文学简史、经典演讲、文学名著等； 5. 绘画、建筑等领域的代表性作品和人物； 6. 影视、音乐等领域的概况及其发展； 7. 体育活动、大型体育赛事、体育与健康、体育精神； 8. 不同民族文化习俗与传统节日； 9. 对社会有突出贡献的人物； 10. 重要国际组织与社会公益机构； 11. 法律常识与法治意识等； 12. 物质与非物质文化遗产； 13. 社会热点问题； 14. 重大政治、历史事件、文化渊源； 15. 社会进步与人类文明； 16. 科技发展与信息技术创新，科学精神，信息安全

通过以上的分析与思考，结合本节阅读课的具体情况，笔者把问题与任务重新进行梳理，理出一条主线，然后再具体地设置各课中的步骤。该节课的设计思路如图2

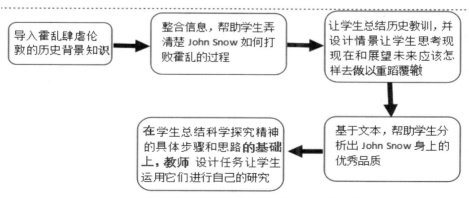

图2 必修5第1单元阅读课主题意义探究设计思路

依据对"what""why"和"how"的思考探究而设计思路，避免了对本文主题探究方向的偏离，让探究的内容更加完整，使主题意义的探究更加深入，促进了学生的参与。

三、基于人与自然主题语境的植入

《课程标准》对人与自然主题语境内容要求如表3。必修5第5单元"First aid"，阅读部分的文章题为"First aid for burns"。按照表3的要求得知该单元属于人与自然主题语境。其阅读文章涉及内容要求的第4点。也就是说，已知"what"是"安全常识与自我保护"。其学习的目的必然是让学生学习安全常识与学会自我保护。教师首先设计情境，帮助学生学习在遇到各种类型的安全事故时（被蛇咬，被玻璃划破，扭伤脚踝，食物堵住喉咙，摔伤手臂和鼻子流血等），应该如何进行自救或救助他人。然后基于本单元的文本，帮助学生梳理文本脉络，整合信息，重点学习了解烧伤的各种起因、三种不同点烧伤程度以及它们所表现出的主要症状和所应采取的急救措施。最后设计情境，让学生实践处理烧伤的急救知识。

表3　普通高中英语课程主题语境内容要求

主题语境	主题群	主题语境内容要求
人与自然	自然生态	1. 主要国家地理概况；
	环境保护	2. 自然环境、自然遗产保护；
		3. 人与环境、人与动植物；
	灾害防范	4. 自然灾害与防范，安全常识与自我保护；
		5. 人类生存、社会发展与环境的关系；
	宇宙探索	6. 自然科学研究成果；
		7. 地球与宇宙奥秘探索

根据对本节课"what""why"和"how"的分析与思考，结合本节阅读课文本的体裁特点，笔者把问题与任务重新进行梳理，理出一条主线，然后再具体地设置各课中的步骤。该节课的设计思路如图3。

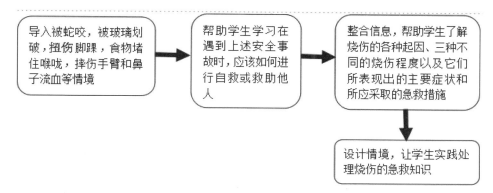

图2 必修5第1单元阅读课主题意义探究设计思路

整节课始终围绕着帮助学生学习、感悟和运用所学知识去解决实际问题这一思路，具有情思课程的显著特征。情思因子的科学植入，既有助于解决英语阅读中存在的部分问题，又有助于实现学科育人的目标。

结 语

综上所述，基于普通高中英语课程主题语境内容的要求而进行的主题意义的探究，是情思育人因子如何科学植入的思考，使英语阅读中"what""why"和"how"的问题达到了和谐的统一。图1、图2、图3，是笔者对于主题意义探究的思考所呈现的三幅图，只是根据三个主题语境形成的对阅读课主题意义探究的设计思路，还未能形成具体的教学设计。因为，英语课程内容包含六要素，主题语境只是其中的一个要素。笔者认为，必须把六要素的设计思路科学地梳理与有机地融合，最终才能形成完整的教学设计。高中英语阅读课堂情思育人因子的科学植入，为教师对主题意义的正确的、有深度的、有温度的把握提供了依据与保障。对主题意义的方向把握正确了，对其探究的程度加深了，学生的参与度就增加了，从而使育知与育人达到了有机的统一，达到了课程标准的对于学科育人的要求，践行了党和国家在教育方面关于立德树人的要求。

第五节　历史情思培育与悬疑教学 [1]

生疑与探疑是学生学习过程中知识结构形成和迁移内化的重要手段。悬疑的历史课堂，能在较短时间内激发学生的学习动机，让他们心中有疑，并虑有所得。悬疑教学，围绕教学主题，教师引疑诱学，学生探疑启思，让课堂疑问丛生，在释疑析理中追疑生悟，最终为课堂的深度学习注入生机和活力。

一、悬疑教学的教学价值和主要表征

北宋著名教育家张载在总结教学经验时说道："不知疑者，只是不便实作，既实作则需有疑……譬之通身会得一边或理会一节未全，则须有疑，是问是学处也，无则只是未尝思虑来也。"[2] 有无疑问在这里成为衡量学生读书是否能够真正做到求真悟道的关键一环。当代心理学家布鲁纳也认为："认知好奇心是学生内在学习动机的核心，是一种追求外界信息、指向学习活动本身的内驱力，表现为好奇、探索、操作和掌握行为"。[3] 悬疑课堂的教学价值强调基于主题创设思维情境，让课堂疑问丛生，教师引疑诱学，学生探疑启思，释疑析理，追疑生悟，最终为课堂注入基于趣、疑、问、思的深度学习的生机和活力。

悬疑教学的主要表征集中体现在两个方面：

其一，课堂生态突出以惑诱思。悬疑教学期望课堂实践能让学生疑问丛生，能激起学生对未知的探求，能让他们心中有疑，虑有所得。从课堂实施来看，悬疑教学的关键之处在于以惑诱学，引疑启思。美国教育家安妮塔·伍尔福克在讲述学生学习动机和策略的时候说道："在人本主义看来，所谓的激发动机，就是发掘人们自身的内在动力——他们对胜任感、自尊、自主和自我实现的需要。"[4] 历史悬疑教学即要通过外在"悬"的刺激达到学生内在"惑"的目的。"悬"之有效就是要使学生心中有"或者""或许""或能"的想法。首先，"悬"

1　此文发表在全国中文核心期刊《现代中小学教育》2020 年第 9 期。作者：张伟涛（情思教育研究项目成员）、陈洪义。

2　朱永新.中国古代教育思想史［M］.伍北京：中国人民大学出版社，2014：159.

3　张大均.教育心理学［M］.北京：人民教育出版社，2017：163.

4　安妮塔·伍尔福克，教育心理学［M］.伍新春，等，译.北京：机械工业出版社，2017:332.

的达成要借助于科学多元的历史信息展示和历史思辨思维巧妙的多角度浸透，不能因教学内容的相对简单而放弃启"惑"的机会，使课堂变成教师的单刀直入、了无生机的个人表演；也不能因教学内容的相对复杂而采用较少思维余地的无"惑"结论展示。"悬"是以教师能考虑到的学生之"惑"为前提条件的，其设置也是以课本主干知识的达成和学生思辨思维能够得到有效训练和提升为基础的。当然，"惑"是由单个学生主体的思维活跃为起点的，每个学生因自己的历史基础和社会经验的不同会对教师所置之"悬"有多种多样的刺激回应。但不可否认的是基于整体的学生发展水平来说，"悬"诱之"惑"亦有相当程度的稳定性，稳在思维的层次，变在思维的表达方式而已。其次，历史教学中所诱之"惑"必须要具备较广思维延展性特征，这就要求"悬"的设置不宜浮于表面，让学生片刻间即可通过历史知识的简单重组得出答案，让课堂变得"悬"之非物，无甚思索趣味而言；也不易"悬"得过于深奥，思维路径过于狭窄，使"惑"在学生心中被安放的可能性大大降低，学生求知心切，却求之无门。

简言之，"悬"之诱"惑"，趣从中生，乐学也亦从此始，但需注意，"悬"须科学、恰当、有分寸、有力度，才能"惑"之乐意、有情、有思。

其二，师生关系强调以学定教。悬疑课堂基于主题"疑问丛生"，"疑"当然是学生之疑，"问"自然是学生所萌之问。悬疑教学的课堂在教学过程中突出以学生为主体的引疑诱学，探疑促思，释疑析理，追疑生悟。其原理如图1所示。课堂组织中的师生关系无一例外地都突出体现了教学中以学定教的不变准则。教师的每一个环节都是根据学生的实际，基于学生和为了学生进行作为的。首先，教学中课堂诱学主要根据学生学习启思上报，然后在学生思辨过程中，教师进行适当的点拨。"学习的核心是思维的参与，原生态学习的核心是学生原生态思维的参与。所谓学生的原生态思维，即学生未经教师指导和未被课本同化的原始思维、本真思维、独立思维，当然也包括学生在教师的启发下产生的个性化见解、想法。"[1]悬疑教学时刻关注学生原生态思维的量和效，认真观察学生思维形成的动态过程，捕捉学生原生态思维的亮点和可取之处，把具有生态活性的思维种子播撒到学生的心间。教师在其中的作用是保护好班级的学习生态环境，做合理合适、点到为止的参与，犹如一位有慧眼的花农勤于浇

1　余文森.核心素养导向的课堂教学［M］.上海：上海教育出版社，2018：173.

灌、耐心等待、培育耀眼的智慧花朵。其次，在析理时，教师有效提升方法指导帮助学生建构知识，然后通过教师迁移引导学生尝试运用中提升素养，追疑生悟。"迁移，即对理解的反映，是指能够熟练地解决核心任务中的真实挑战，所学内容只是解决问题的一种手段。而且最重要的是，成功的迁移意味着学生在很少或没有教师手把手指导或提供线索的情况下表现良好。"[1]因此知识迁移的过程即是学生对课堂知识掌握再延伸和再创造的过程。教师在其中要做好守夜人的角色，做有效方法上的指导，如历史文献处理的方法、历史研究的基本技能、历史发散与归纳思维能力的基本要求等，防止出现历史虚无主义倾向和碎片化的理解。除此之外，教师不要过多地干涉学生思维的过程，尽可能让学生主动发掘自己内心渴望被认同、被尊重的动机，让只言片语汇成可以与人辩驳的智慧河流，让原生态思维成长为可以抵挡各种乖张想法，形成个体独特价值体悟的"知识堡垒""思维碉堡"。

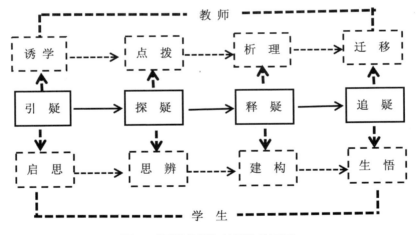

图 1 "悬疑教学"的师生关系图

简言之，在悬疑教学过程中，教师的每一步都离不开对学生学习现状的把握或学习方向的引导，教是为了学的特征非常具体和明确，教师不限制学生思维，学生亦不被思维限制。

---

1 格兰特·威金斯.追求理解的教学设计［M］.闫寒冰，等，译.上海：华东师范大学出版社，2018：87.

二、悬疑教学课堂组织与教学路径

第一环节：引疑诱学，激发学习动机

"疑"字在辞海中既有迷惑、不明白的意思，也有犹豫不决和仿佛、好像的含义。引疑就是引导学生去探索未知，让他们在是与否、清与浊之间的共存区认真辨析。那么历史课堂怎么做才能让学生迅速进入教师设置的疑问情景之中，以促发学生瞬时的求疑条件反射呢？基于学生学习发展的实际情况，个人认为应该在学生个体最近发展区的部分大作文章，巧做设计，即在熟悉之处生疑，在疑问之处问己。除此之外，教师设置的疑问一定要确保真实可信，这是悬疑历史教学的逻辑起点和思考根基。正如著名教育学家施瓦布在谈到疑问教学时所说："一个充分的探究性课程的首要条件是在文本内容和教学程序中注入真实的怀疑成分。我脑子里没有别的，只有对忽视、不确定性和怀疑的真切表述。实质上，这些条件是我们知识的条件。"[1]

如在教学"古代手工业的发展"一课时，诱学的常规做法是展示出中国历代典型的手工业产品以引起学生的学习兴趣，但实际情况是现今学生对其中的大部分产品要么在博物馆实地参观过，要么在初中课堂和网络中早已熟悉过，或在流行歌曲中见识过，其效果大不如预期。较为妥帖的选择是在学生对中国古代手工业极为熟悉容易形成惯性思维的地方选择合适的材料激疑诱学。例如，学生对司母戊鼎和四羊方尊等青铜器极为熟悉，以至于形成青铜器起源于我国的错误认知。于是可以引入如下材料：

史前"青铜之路"主要指的是欧亚西部青铜技术东向的传播途径、方式与过程，同时随着史前"青铜之路"的开辟，自西向东传播的还有小麦和大麦的人工种植技术、羊和牛的驯养，它们共同构成了史前"青铜之路"研究的内容。

——《史前"青铜之路"与中原文明》

至少到公元前3000纪末开始，掌握着先进冶铜技术的西来人群大规模地进入新疆天山一带，特别是进入东部天山后，很快与这里的地方文化进行交流与交融，使这一区域的青铜文化异军突起。源于西方的冶铜和制铜技术并未在东天山地区停下脚步，而是继续向东传播到河西走廊及甘青地区的黄河上游一带，被当地的四坝文化和齐家文化的人群所接受。

——《史前"青铜之路"与中原文明》

1　韦东余.施瓦布科学探究型教学思想［J］.全球教育展望，2012（11）:31-37.

　　材料证明了中国古代青铜制造技艺是在传入的西方技术基础之上结合中国文化实际进行的艺术再创作，与学生原有的逻辑推理比较产生了认知冲突。这样帮助学生廓清了事实，辨明了真理，也让学生明白历史结论的形成应该以丰富的史料和考古发现为基础，不能以人定史，以情定论。

　　在此基础上，学生开始怀疑自己先前接受过但没有论证过的结论是否合理，顿时"疑窦丛生"。教师精心营造的"反思类"的引疑情境效用随即被持续发挥和扩大，学生也基于自己的认知不断提出疑惑之处。在本节课上，学生提出的问题主要有：怎么证明中国是瓷器的故乡；怎么证明丝织业在中国最早产生；景德镇为什么能被称为瓷都；明朝中期为什么官营手工业会被民间手工业超越？在这种学习状态下，教师可以设置时空变化下的中国古代手工业的待解之谜作为学生课堂学习的主题，诱导学生在课堂学习中深度疑思。

第二环节：探疑点拨，引导合作思辨

　　学生个体生成的疑问是经过独立思考后依然无法解决的问题，这为探疑提供了绝佳的思维燃料。学生在主题学习的过程中的思维起点具有一定的共同性和一定的碰撞性。共同性能使学生在思维瞬变的课堂中有可以互相依靠和彼此信赖的确定目标；碰撞性使学生在形成知识框架结构和内化具体历史概念、生成历史结论时具有强烈的求知欲和表现欲，这也使课堂思辨性意味的凸显成为可能。课堂上"让各种学生的看法和想象互相碰撞激荡，回响共鸣的活动，所以称之为交响乐团……在教室里，各种各样的意见、想法互相呼应便产生了如同交响乐一般的教学"。[1]探疑的过程犹如演奏交响乐，各种乐器即各类学生的思维和谐合作成为优美思维乐曲响起的基本保障。也就是说，这个思维演绎、再生和交融的过程需要共同智慧的淬炼，自然合作学习成为高效率的首选。正如教育专家余文森所说："合作学习旨在解决个体无法解决的疑难，通过小组讨论，互相启发，达到优势互补，共同解疑……合作学习是提升，高质量的合作学习使个体学习的困惑得以消解，问题得以解决。"[2]

　　基于上述把学生分成不同的小组，并事先指定出组内的记录者、发言者、组织者等进行共同协作。将本节课的主题设置为"时空变化下的中国古代手工业的待解之谜"。针对教学实际和便于学生理解，小标题"经济重心南移背景

1　佐藤学.静悄悄的革命［M］.李季湄，译.长春：出版社，2003：38.

2　余文森.从有效教学到卓越教学［M］.上海：华东师范大学出版社，2016：104.

下的景德镇"改为"古代景德镇发达之谜",除涉及政治发展的原因外突出空间位置对其所起的作用小标题。"明朝官营手工业衰落"改为"明朝官营手工业与民营手工业消长之谜",突出趣味性,关注时间变化下历史诸因素尤其是商品经济发展对形成该现象所起的作用。教师可以提供下列材料:

材料组1:古代景德镇发达之谜

我国古代的经济文化中心聚集于北方,这种状况一直延续到唐代的开元盛世,尽管南方的经济重要性已经显现,但是安史之乱之后,南北的经济重心就发生了根本性的变化,尤其是南宋以后,中国的经济中心完全转移到了南方,这是地处南方的景德镇瓷业发展的经济大背景。

元代将瓷局设在景德镇,最主要的原因是景德镇所生产的白瓷洁白雅致,技术远胜于同时代的北方诸窑,尽管制瓷技术与影响此时还不及龙泉窑,但元王朝"国俗尚白,以白为吉",景德镇的陶瓷符合了统治者的审美。

——以上两则摘自刘江辉《历史的必然:明代陶瓷御器厂在景德镇的设置》

昌江是景德镇对外交通最重要的通道,昌江发源于江西省与安徽省交界处的山区,大致呈北南走向,由北向南注入鄱阳湖,由湖口市进入长江。其次水路还可经鄱阳湖入赣江,赣江一直是联系长江和珠江两大流域最主要的通道。

——高宏涛《五大名窑的没落与景德镇窑之崛起》

材料组2:明朝官营手工业与民营手工业消长之谜

以劳役性质的工匠制度为基础的官营手工业完全是自给自足的自然经济组织形式。但是,明中叶以后,商品经济的发展,已促使"自然经济基础"在某些商品经济发达的地区开始分解,这就势必导致以劳役制为基础的工匠制度的瓦解和官营手工业的衰落。

——李龙潜《试论明代社会经济发展的特点》

从明朝中后期开始,官营手工业作坊中的工匠怠工、逃亡的现象已十分突出,加之手工业管理日益严重的浪费和腐败行为,许多官营手工业已经名存实亡。

——陈锋《中国经济史纲要》

以上两组材料针对学生心中被点燃的疑问之火,结合教学主题,能较好地激发学生对心生疑问的求知欲。之后教师要秉承"新课程强调尊重、赏识,其实质是强调教师要相信学生的发展潜力"[1]的原则,把探寻权与疑问解析权交给

---

1 余文森.有效教学十讲[M].上海:华东师范大学出版社,2017:177.

学生，释放课堂的活力，放大悬疑教学的魅力。

第三环节：释疑析理，促进知识构建

释疑是学生利用既有的历史知识，在教师所给出的文献资料基础之上进行知识的再创造。这个过程需要学生以精确的历史基础知识作为基石，筑造历史思维的宝塔。因此释疑的时候，教师有必要在不同组内进行教学巡查和疏导，避免某些知识点的错漏影响思维浇铸的根基。另外，教师需要注意点到为止，必须明确此时的行为是把控释疑的主导方向，并不是透漏出解决问题的强势讯息。文本阅读的基本能力、总结概括的方法、提炼信息凝练结论等是留给学生去尽情尝试和争辩的。于友西先生在《中学历史教学法》中写道："在课堂教学活动中，学生永远居于学习的主体地位。教师的教说到底就是为了促进学生的学。"[1] 对于疑问的解答，教师应该把展示权大胆地交给学生。学生在回答问题时所说的内容能在第一时间反映出小组通过阅读材料后对疑问解析的理解度和历史知识的掌控度。释疑的过程是教师与学生之间进行心灵间良好沟通的绝佳时间，历史教师要善于捕捉学生思想的闪光点，启发之，鼓励之。只有这样才能使学生在建构知识的过程中形成具有自我认知特色的独特见解。

例如，基于前面一个环节的学习，对于材料组 1，同学们经过合作讨论，小组意见如下：

A 组同学认为景德镇所处的特殊地理位置为其发展提供了先决条件。交通便利为其打开瓷器市场做了极为必要的准备。

B 组同学认为中国古代社会国家政权的导向作用在相当大的程度上决定了手工业发展的质量和产量以及市场。国家行政权力的介入为景德镇争得了权力的保护，使其能够较为顺利地生产。

C 组同学认为经济重心南移的大背景只是为景德镇的崛起提供了可能性条件，并不能决定其最终能成功，景德镇自身制瓷技艺高超才是最重要的。

D 组同学认为历史发展具有很多的偶然性，景德镇的成功有其必然性的一面，但同时应注意其生产白瓷这一关键，否则可能会有另外一个"景德镇"出现。

材料组 2，同学们经过合作探讨，小组意见如下：

E 组同学认为商品经济的发展是明朝中期官营手工业没落的根本原因。官

1　于友西，赵亚夫.中学历史教学法［M］.上海：高等教育出版社，2017：124.

营手工业的劳动力来源主要是在籍工匠，他们在商品经济发展下的趋利行为会瓦解这种落后制度。

F组同学认为政治制度的腐败会瓦解国家的制度，使官营手工业在边缘基层首先解体，并逐步蔓延。

G组同学听到有同学在解释问题时犯了绝对主义错误，他们认为认识问题时不能太绝对，官营手工业的没落不等于其在经济生活中彻底消失。

经过学生组内讨论得出的结论能够发映出他们已经初步掌握了从文本中提炼信息加以概括总结的能力。少部分学生的历史思维能力较为卓越，能从历史发展规律的角度重新审视材料，把思维的境界拨高到了可以触发连锁思维反应的高度。对极个别学生得出的景德镇成为瓷都是必然性和偶然性的合一的结论，教师再次追问：那你觉得在这里必然性和偶然性哪个因素更为重要呢？学生针对此问题展开争辩，有的学生认为经济重心南移是南方生产力发展的结果，景德镇处于南方经济区域，南方农业的大量开发和耕田技术的改良使手工业兴盛成为可能，因此从整体上来看，南方手工业城镇包括景德镇的崛起是历史的必然，因此必然性因素是最重要的。有的学生认为景德镇生产的符合元朝统治者审美习惯的高质量白瓷是它可以成功的关键，这里偶然性的因素成为决定成败的最主要因素。一时之间，学生争得不可开交，教师可以即时用网络查找资料带领学生去学习历史必然性和偶然性的关系。例如我找到的材料为："马克思主义历史决定论认为，历史必然性与偶然性是相互依存、互为补充的。纯粹的历史必然性只存在于逻辑之中，它是在各种偶然性因素之中表现出来的历史发展的一般趋势，它存在于偶然性之中;而偶然性是必然性的表现和补充。"[1]学生看到学者的论述后慢慢进入理性碰撞和总结得出结论的思维世界中。经过教师和学生的彼此沟通，大家逐步明白景德镇成为瓷都的原因是综合因素导致的，认识问题既不可以过分突出历史发展过程中的某个因素，使其喧宾夺主，也不能只管宏观规律而忽视具体和偶然因素，历史是必然性和偶然性的辩证统一，景德镇生产高质量白瓷既有符合元朝统治者审美的偶然一面，也有其南方经济崛起，景德镇生产技术高超成为官府首选的必然一面。

解决完学生思维症结点之后，教师需要引导学生对知识进行创造性的重构。经过师生间的合作，学生总结出景德镇的兴起可以从内因和外因两个层面着手，

1　刘曙光. 社会历史的必然性、偶然性及其复杂性［J］.湖湘论坛，2009 年（3）:96–99.

遇到经济问题时要充分思考市场形成的几大因素：交通、人口、原材料、资本、技艺、国家政策等。而针对官营手工业的衰落，学生最后得出可以从商品经济发展的自身逻辑中去认知。时代背景下的人口自由流动是商品经济发展的必然需求，也是官营手工业无法继续维持旧日辉煌的重要原因。

可见，师生之间的有效合作和心灵契合能在较短时间内激发学生探究历史真相的主观能动性，能让学生在思维的世界中尽情驰骋，去追寻历史发展的真谛，去学习和掌握历史发展的客观规律，最终用科学的世界观和知识体系去解释心中的层层疑惑，求得真知，悟得真理。

第四环节：追疑生悟，引导实践迁移

疑问的解决并不意味着课堂思维训练的结束。历史问题总会在现实的某个角落以另外一种形式去重新演绎历史发展中的客观规律。学生学习历史并不仅仅是简单地了解历史事物发展的来龙去脉，更重要的是历史经验要为学生的现实生活提供参考和借鉴。正如历史学家王学典所说："本来，过去和现在和未来是一个统一的连续体。三者之间并没有明确的界限。"[1]

例如，在本节课结束之时，教师可选取景德镇作为联系古今的对象，以升华本课的学习。作为瓷器之都，景德镇在中国历史上有浓墨重彩的一笔，明清时期景德镇因其地理位置优越与广州港距离较近且瓷器质量高，成为中国出口国外产品的重要来源地，景德镇陶瓷不仅作为商品完成商业使命，同时也是文明沟通的重要见证者，成为一段历史发生的重要载体。为帮助学生充分理解以景德镇瓷器为代表的中国手工业产品在整个全球史发展过程中所起的居功厥伟的历史功绩，可以让学生认真阅读下面这段话：

15世纪以后，由欧美主导的"跨大西洋和太平洋的全球陶瓷贸易网络"形成，而且在这一网络形成的过程中，我们看到的是人类在跨越远距离的商业交换活动中是如何形成一个"世界体系"，并构成为一系列交逆互动的多重经济体。在这样复杂的交易网络中，中国的陶瓷贸易将欧亚大陆的极大部分串连在一起，最后又借由欧洲连接了美洲大陆，中国成为这个世界体系中最重要的关键枢纽和带动这个世界体系运转的发动机。

从中学生可以感知到中国瓷器是世界近代史中主要几个大洲间文明交往的重要载体，也是中国当时综合国力的重要体现；也能明白掌握一门核心科技对

---

1 王学典.史学引论［M］.北京：北京大学出版社，2013：110.

于一个国家发展的重要程度；亦能慢慢体会到中国古代瓷器的流转之路也是国家软实力的进发之路。

过去的历史为现在和未来做了极好的铺垫，历史的辉煌还会以另外的形式加以重演。中国古代瓷器的现代价值不可估量。它不仅具备深刻的历史意义，同时也承载着我们追求世界发展新秩序的美好理念，让我们可以从历史的回响中找寻民族的自信和国家发展的契机。古代瓷器虽历经千百年，但其光芒依旧灼灼其华。 在课堂教学最后，教师可以联系现实，展示报纸上刊登的曾经被销往国外的大量瓷器以"回娘家"的形式，再次在她们的故土与烧制她们的后人相见的报道。对此追问学生看后有何想法和建议，课后让学生通过自拟题目的小论文、手抄报制作、拍摄主题鲜明的小视频等形式继续关注课堂主题，以达到活学活用之目的。

悬疑教学是一种关注学生思维成长和生命成长的学习，学生既用已有的经验建构了课本知识，使历史基础知识有了一定的系统性，又使学习的过程充盈了积极向上的情感。知识的注入不是单向的灌输而是智慧的双向滋润，学生的学习生命力被激活，被认真发现，被认真对待和尊重，教师和学生也随之自我发展、自我生成各自的独特价值体悟，最终实现自我知识和精神的升华，实现自我超越，课堂也因此"人"味四溢。

第六节　情思境悟特征与德育正行 [1]

北京师范大学资深教授，我国著名心理学家、教育家林崇德指出，"德育是一切教育的根本，是教育内容的生命所在""德育工作是整个教育工作的基础""德育工作必须回归到德育的科学性之上" [2]。在笔者看来，林崇德教授所言"回归到德育的科学性"至少包括两层含义：一是德育工作目的主要是育人，育人就要遵循人的发育和成长规律；二是德育工作是一门科学，作为一门科学，就要充分借助与运用相关科学的理论去引领德育实践。近年来，笔者"因脑而教"，积极运用心理学和脑科学的理论，优化德育理念，构建德育场境，努力探索以德育境悟为特征的情思行合一正行路径，取得显著的效果。下面，笔者结合具体的实践，简论"言教正行、身教正行和行教正行"的情思行合一的德育实践路径。

一、言教正行：言事说理为教育端口，构建情思行合一的德育路径

对于教育，有人说言传身教是最好的教育方式。实际上，言传身教不是一种教育方式，而是两种常见的教育方式的组合。第一种教育方式是言传，言传也就是言教；第二种是身教。对于广大教师而言，言教虽然是很平常的一种教育方式，但是，简单言教，往往达不到理想的效果。言教能不能取得预期的效果，里面存在很多科学原理，受很多因素的制约。

（一）学理依据：同理认同原理

言教正行，言，即说，言教就是说教，是一种以语言说理为主要手段的教育沟通与教育正行方式。这种方式最突出的特点是以语言作为教育工具，作用于人体的感觉器官，信息传递到认知神经元后进行译码、解码，并将新的编码传达到情感脑，触发学生的情绪、情感，通过情感神经元的情绪译码、编码后，

1　此文发表在《新课程评论》2020 年 07-08 期。作者：陈洪义、张丽霞（情思德育研究项目成员）。

2　翟晋玉，王湘蓉，林崇德：人才培养关键在教师——从德育到核心素养 [J]，当代教育家，2017（06）：37-41.

抵达心灵深处，继而唤醒学生的本能意识的教育过程。学校日常的主题班会、学生谈话、家长会、家访等等教育活动，本质上都是常见的言教正行的德育方式。言教正行能否取得积极的效果，根据同理认同的原理，关键是教师言教的内容与方式能否有效达到与学生共情共振的效果。

所谓同理认同，指学生的行为改变不是一蹴而就的，往往源于其对事理的认识和认同程度。认同作为其行为改变之始，一般要达到两个方面的统一：一是认知认同；二是情感认同。也就是说，学生在具体的德育活动过程中，只有在其内心发生认知认同与情感认同之后，才能顺利转化成为他的行为的认同，主动践行并顺利转化其潜在本能为新本能。统而言之，就是学生对事理的情、理认同，两者和谐统一，是言教让学生走向正行的关键。

大多数班主任都有过以下的类似经历，有时把道理向学生讲得非常透彻与明白，但学生就是不愿意改变其行为。甚至更糟糕的是，往往班主任道理讲得越多，学生就变得越为叛逆。深究其中原因，很重要的一点就是班主任在教育过程虽然让学生明白了相关事理，但学生依然停留在认知认同的维度上。众所周知，作为一种特殊的动物，很多时候人的具体行为都会受到其情绪、情感的干扰和支配，所以，当教育言教中，学生还没有达到情感认同时，学生的事理认同程度会依然停留在认知层级上，此时教育往往难于奏效，学生的行为改变也就难于付之行动。

（二）操作要旨：言事说理的鉴悟中给力助行

基于同理认同的原理，言教正行在德育实践中，要把握好两个关键节点：一是理要尽可能说透，让学生达到认知认同；二是引情要深入到位，要触及学生的情感认同。有了这两点的认同基础，学生就能在德育场境中共情共振，并在情思交融的境悟中内化和提升潜在的本能或新的本能。值得强调的是，还有一个关键不能忽视，就是要在学生产生德育境悟之后，教师还要在共情共振的基础上有力助行，才能最终顺利促成学生慧行。言教正行最主要的方式是说理，说理要有明显的教育效果。教师除了在言中帮助学生获得共情共振的效果，还必须在言教后强力助行。对于正行来说，助行可以说是言教方式必不可少的补充环节。因为，学生偏行的改变，除了认同，还受行为意志等方面的影响。对学生来说，言教获得的教育感动都是暂时的，教师一定要抓住时机，及时化言教中的暂时感动为学生的具体的实践和行动，借助于教师的适时、适度的助行，在行动中建立起行动契约关系，助学生正行。很多的教育言教，由于教师只停留在言上下功夫，言虽好，但行效不佳，根源往往就在于观念中重言教而轻助行，导致教师言后的助行缺位。

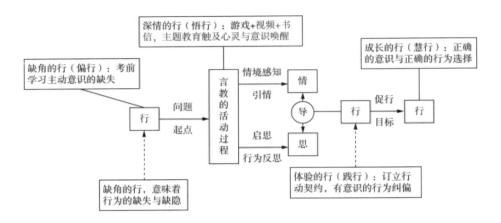

图 1　言教正行案例图解

如上图所示，2011 年，笔者负责高三年级的管理工作，时间已到高考备考的最后冲刺阶段了，其中一个理科重点班学生的学习状态依然不佳。经过精心的设计，笔者以"爱的行动"为主题，进行了一次深刻的言教正行的主题班会教育，取得了异常不错的德育正行效果。本次主题教育班会背景主要是基于学生备考学习主动意识不足的偏行，笔者采取了言教方式，在言教活动中主要通过猜字游戏、观看视频与分享书信等不同方式去演绎同一个主题，力图做到多角度说理触情，促使学生在一种情思交融的场境中达到动其情引其思，最终顺利让学生内心认同和接受了老师的说理，这就是所谓的认知认同和情感认同。但是明白的道理和深刻的感动与具体的行动之间还是存在一定距离的。所以，要学生真正实现行为改变，还需要老师在行为上的助行。因此，笔者设计了一个以"爱自己，就要关心自己的未来"为主题的德育助行方案。计划的内容非常具体，具体到每天的学习任务的安排，要求每个学生将行动任务的安排表打印出来，张贴在各自课桌的右上角。这种张贴在桌子上的做法，等于在课桌上挂了一面镜子，时刻提醒和约束学生着的学习行为，从而很好地建立起了一个行动契约。笔者把它定义为契约助行。借助以言教正行和契约助行，学生的学习主动意识被重重激醒，而这种学习意识，还顺利转化为学习行动，结果整个班的学生的学习状态越来越好。

二、身教正行：镜像识行为德育端口，构建情思行合一的德育路径

如果说言教正行是基于教育言理的情思交融的鉴悟助行，身教正行就是基于行为示范的情思碰撞的参悟牵行。前者更多的是依靠师生互动交流的动态教育之境促悟，后者更多的是依靠学生对身边良好行为观感的静态教育之境促悟。

（一）学理依据：镜像神经原理

镜像神经也叫镜像神经元。20 世纪 90 年代中期意大利神经科学家 Rizzolatti 通过对猴子在面对食物时的心理与生理变化的观察，发现一些像镜子一样可以映射他人动作的神经元，称之为镜像神经元。这一实验发现告诉我们：人类大脑中的镜像神经元有信息编码与程序加工功能，它能对观察到的动作进行自觉解码和编码他人的动作意图与动作过程，然后通过情感加工，形成高级的认知，再通过神经元传输到本能脑区间后内化为本能意识与行为。所以，镜像神经元具有动作的理解、模仿、复制的作用，这种模仿与复制能力主要表现在：一是具备将他人所体会的情感过程转移到自己身上的能力，也就是我们说的共情能力；二是可以将类似的动作也表达出来，模仿他人的倾向越多，共情的倾向也越大。

镜像神经原理告诉我们，眼睛既是我们对事物进行观察的第一道窗口，同时也是我们大脑进行综合思维的第一道窗口，就是说人们看见事物的同时，思维的编码的加工按钮也随之启动。身教正行提出的依据是镜像神经元细胞活动特点："吾所见即吾所思"。看见即领悟、即思考、即共情、即模仿。身教正行，就是要良好的行为随处可见、随时可见，从而营造一个良好的情理感染场境。所见即所思，以学生所见去浸染其内心，唤醒其沉睡的意识，这是一种润物无声的参悟教育。

（二）操作要旨：镜像识行的参悟中巧妙牵行

身教正行，就是要让充满正能量的正面身影随处可见、随时可见，因为这种正面环境的长期和反复刺激，能让学生产生价值认同的共振，并因此萌发共情的行为动机，然后教师再推波助澜牵引其行收其效。也就是说，身教正行的重要原理是为学生行为树立一个观照自己生命状态的镜像。以镜像观感牵引自己的成长方向。教师在德育实践工作中要充分利用身教镜像牵引学生正行，一是以己之身去立镜像身教，教师的己身身教，志在示范和教化；二是要营造他

身之身立镜像身教来塑学生之行。他身就是班级大众之身，就是运用更多学生的正面镜像，形成正确的身教示范，影响及至改变有偏行的学生行为。这与常说的"近墨者黑，近朱者赤"是一个道理。但是，教师要认识到，学生行为的改变是一个复杂的过程，更是一个反复的过程。基于身教镜像的影响，在学生情感共振之余，教师要推波助澜，提供必不可少的助行，以为学生行为本能的转化保驾护航。身教正行的关键是：一是身教往往不是一日之功，不能流于形式，需要有恒心和坚持；二是身教正行需要辅之言教，及时动其情晓其理，以扩大镜像正行效果；三是身教镜像范围还可以从人扩大到物，教师有效地把相关事物与教育意义充分连接，就可以让物境成为一个教育的场境，同样可以起到境悟正行的教育效果。

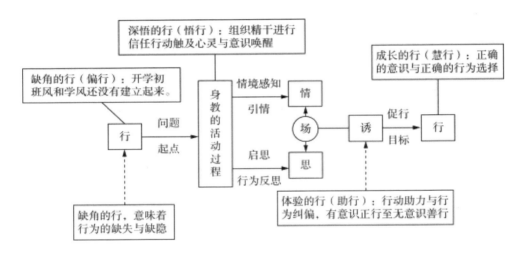

图2　身教正行案例图解

例如，如图2所示，在初接手一个新班时，班风还没有形成，这时候的班级就像一张白纸，班主任可以利用身教正行的方法，用心把班级的建设勾画出想要的美丽。笔者曾经的做法是：在初接手一个班级时，在班风建设中，基于镜像原理，在班级里物色了至少三分之一的学生，重点是找那些比较听话而且表现好的学生，召开思想动员会，赋予其教师的信任，让他们有一种成为班级镜像的使命感；并通过说教正行的方法，引其情启其思，让他们达到认知认同和情感认同，让他们认识到班级的成长与他们自己的成长是密切相在的。此时，他们责任意识被激醒，教师再助他们把使命感转化为责任感，一起共同设计班级的身教正行方案，建立班级行动契约，要求他们在班上进行 14 天的学习行为的示范，作为身教正行镜像。笔者作为班主任，14 天坚持每天对他们履行承诺的情况进行现场督导。而在这 14 天的身教正行过程中，再有针对性地对个别学生进行诱导性教育与转化。对表现突出的学生，每天及时表扬，强化行为。结果发现，在这 14 天中，好的学习现象就像滚雪球一样，在班级中越滚越大。14 天后，良好的班风已然形成。这种身教正行提供的是一种教育感染的场境，能让学生在场境中产生一种向上的力量，牵引其生长。

三、行教正行：行易知难为德育端口，构建情思行合一的德育路径

行易知难是说一个人做一件事，实行起来很容易，但要通晓其道理，却不太容易。所以，生硬说理做学生德育工作，让学生通晓其道理很难时，我们不妨另辟蹊径，暂时放下这个知难点，从行易处入手，以行易知难为端口，让学生在行事的省悟中塑行。

（一）学理依据：胜利者效应

2017 年 7 月 14 日，顶级学术期刊《科学》杂志在线发表了一项研究成果，这项研究发现了"胜利者效应"的神经环路。所谓胜利者效应，就是动物在战胜一些较弱的对手之后，再与更强的竞争者较量，它们的胜算会比直接去跟强者竞争的胜算更大。用通俗的话说，胜利者下回更容易获胜。这项研究从科学上证实了这个说法。它是由浙江大学求是高等研究院和医学院神经科学研究中心的胡海岚研究组揭开的。他们研究发现，这个效应背后的脑机制关键在于：哺乳动物大脑的中缝背侧丘脑投射往前额叶皮层的神经环路。所谓神经环路就是神经元之间的连接，在传递信息上起着重要作用。[1]

胜利者效应可以理解为"成功是成功之母"，因为成功的经历可以为学生成长变化提供积极的和强大的心理因子。利用这一原理，德育工作中的行教正行，强调以学生的成功的实践体验去改变其思维认知，让学生在行动中获得积极情感与思维体验，及至形成感性与理性的认同，最终可以顺利实现"以行引情—以情启思—以思促行—情思共融—行中生悟—以悟践行"的一个自我教育

1　胜利者效应：胜利也会成为一种习惯，知识梦工场 [EB/OL]. [2017–07–17].https://m.sohu.com/a/157702625_99919464.

与成长的过程。教育无痕是情思德育追求的境界和艺术，而基于行为场境的以行正行，是情思德育的一个重要教育手段与路径。它的可贵之处正是在于没有生硬的说教，一切尽在实践的行动体验中自悟成长，是一种无痕教育。

（二）操作要旨：行动体验的省悟中强力塑行

在教育实践过程中，很多教师都有这样的感受：德育工作中，有时候道理说教很清楚、很透彻，但学生就是没有反应与改变，甚至有时教师说得越多，学生越听不进去，甚至适得其反。这一方面说明了德育工作要取得效果不能只关注事理的对与错，还要关注德育方法的科学性；另一方面也说明了学生德育工作的复杂性，因为人本身就是特殊而复杂的。基于行教正行的原理，有时应少说而多行；基于学生成长的盲点与弱点，以行易为端口，精心助力，扶助学生、陪伴学生做好、做成一件正确的事，帮助他去获得一次成长和成长体验。而这一个体验过程，能形成一种自我境悟的环境，在这个环境中让学生得以深切思、深度悟，最终顺利助学生化思为行，实现德育塑行的效果。这里有两个关键：其一是对于学生之行，按照胜利者效应原理，教师要给力助行，保证让学生获得充分和深度的成长和成功体验。教师助力是否到位，有时直接决定了学生的情思体验效果。其二是学生通过行易知难的行动获得的情思体验，有必要通过外显形式，进一步放大，从而获得更强的信心和决心，可以为其持续塑行带来更强的情感支持。

最近很火爆的葛优主演的电影《两只老虎》，在笔者看来，就是一部非常典型的行教正行的教育影片。《两只老虎》中的主角张成功（葛优演）是个大老板，非常有钱，可以说是一个成功人士，但内心总是有很多纠结，放不下过去。影片中另外一个主角余凯旋，莽撞，智商低，没头没脑，看不清未来。他俩就像童谣里的那两只老虎一样，都有自己的缺陷。电影利用余凯旋对张成功的绑架事件，通过双方的换取赎金的协议巧妙架设了一个德育正行的支点。协议内容是绑架者余凯旋帮助被绑者张成功完成三件想了又未了的人生之事作为得到大额赎金的条件。而绑架者余凯旋完成这三件事的过程，就是一个典型的行教正行的自我教育成长过程。影片中他们互为影子，张成功可以在余凯旋身上看到自己年轻时的影子：为了钱，不顾一切。余凯旋也能从张成功的过去，看到自己的现实影子：为了钱，不顾一切。而"为了钱，不顾一切"的最后结果是通过被绑者想了而未了的三件分别与爱情、友情、亲情相关的事情告诉绑架者"后悔莫及"。正是完成这三件事的过程洗涤了他们各自的心灵，改变了张成功与余凯旋对金钱与生命的看法，使他们学会了与过去的自己和解，一个放弃了自杀的念头，一个放弃了索要赎金的想法。他们救赎对方的同时也救赎了自己。

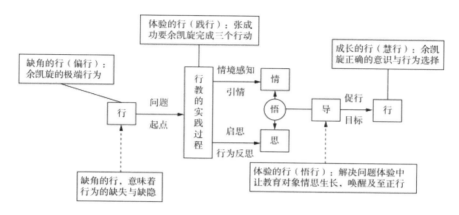

图3 行教正行案例图解

这部电影可以说是一个典型的行教正行的教育案例。这让笔者联想自己读初中的时候，当时自己作文能力不强，每逢语文考试最头疼的就是语文作文。有一次，镇里组织三八节的主题征文和演讲活动。语文老师推荐笔者参加，并非常用心地指导笔者写好这次征文稿。在获得征文第一名成绩后，语文老师又指导笔者参加全镇的"三八"节里的敬献母亲的演讲比赛，再次获得第一名。这一次行教的成功体验，让笔者获得无比兴奋的情思成长体验。经历了这次活动，笔者克服了对作文的畏惧心理，增强了作文的兴趣与意识。后来的学习，因为有了更多的主动性，作文能力提升很快。后来，笔者走上教师岗位后，经常采取这种行为陪伴的方法，陪伴和倾力助力学生在行动中获得积极的情思体验，助学生在行中悟行，经常取得积极的效果。例如，曾经有一位学生各学科成绩都不错，就是英语成绩拖了后腿。为了帮助他突破心理和方法的障碍，在一次期中考试前，笔者精心策划方案，邀请英语老师用了一个月时间陪伴和帮助他进行英语备考，以获得这一次英语考试的成功体验。在扶他行动成功一次后，因为有了深刻的情思境悟的体验，后面的路他就能自己走向慧行。

教育工作是一门科学，也是一门艺术。是科学，就是遵循规律和法则；是艺术，就是讲方法与策略。德育过程中，学生心智的点亮，不能只是生硬的逼教，需要更多的学生在教育磁场与受教育者大脑传感过程中的"境悟"。心由境转，以境育心，是学生成长重要的方式。所以教育之中，教师要学会合理布场，置场成境，以境悟引领学生的心智成长。情思德育强调引情、启思和促行，以言教、身教和行教为径，必须在引情、启思、促行的三元上交叉作力，做到情思行合一，才能让学生在认知与情感上有效共振，最终产生行为的共情倾向，实现教育成长的目标。

第七节　情思教育柔性养正与赋能[1]

立德树人是教育的应然使命，党的十八大报告把立德树人作为我国新时代教育的根本任务。健全"全员、全方位、全过程"育人路径，真正实现"传道、授业、解惑"的师者担当，成为考量师者教育智慧的必备品格与关键能力。本文尝试从心正与行正的视角溯本求源，寻回德育常识之道。

一、因于德，果于人：回归立德树人的内在逻辑

"人"，识形知意，《说文解字》曰："人，天地之性最贵者也。"老子曰："万物莫不尊道而贵德"。《礼记·礼运》曰："人者，其天地之德。阴阳之交。鬼神之会。五行之秀气也。"又曰："人者，天地之心也。五行之端也。食味别声、被色而生者也。按禽、兽、艸木皆天地所生。而不得为天地之心。惟人为天地之心。故天地之生此为极贵。天地之心谓之人。"由词源看出：人之为人，区别于其他动物，高贵之处在于有高洁的德行：劳动、谦卑、互助、正直。

"德"，《说文解字》曰："德，升也。"意指境界因善行而升华。左边"彳"，象人胫三属相连也。小步也。本义为登高、攀登。也指修炼者的精进。右边是"十目一心"。关于"一"，《说文解字》曰："惟初太极，道立于一，造分天地，化成万物。"即"一"乃万物之祖，是一切东西的始祖和本源。故而《易经》曰"一画开天"，即一分天地：上面天、下面地。按照这一理解，一上面的天是"十目"，"十"为十方世界四面八方，即满天都是眼睛；一下面的地为人心，即人心要符合天理才是德。"天道无亲，常与善人"，有德为福、无德为祸，坤卦曰：厚德载物。无论是私德还是公德，俱同此理。故而，立德方能树人。

二、悟于学，行于习：溯源学习悟道的本真底蕴

繁体字"學"，第一个发音是 xué，上半部分是两只"手"，中间抓住一个"爻"，这个"爻"是指"阴""阳"，或者物质世界与精神世界的一切现象，代表我们现在生活中的一些技术、技能等知识，也就是"术"的部分；中间是

1　此文作者韦霞，是增城区郑中钧中学校长，情思教育团队核心成员，广州市基础教育高端人才引进对象。

一个 "冖"（mì），是覆盖的意思；下面 "子"，甲骨文 "子" 的写法是上面一个 "O"，下面一个 "十"。《道德经》里分别有对应的含义解读："O" 是代表 "道" 的意思，即 "道生一，一生二，二生三，三生万物"；"十" 是代表 "德" 的意思，因为 "德" 字的右边是 "十、目、一、心"。"十" 是宇宙万有的全数，表示全方位、全德、全能，代表道之功德力量。合道则有德，背道则失德。由此解读 "子" 为道德或者有道德的人，按照此意，此处寓指 "道德" 被覆盖起来了。也就是说，我们先天都是很有道德的，可是后天被禀性和习性遮蔽掉了。如《三字经》所言："人之初，性本善，性相近，习相远。" 故而得知学习的目的是要借力爻术技能之知识学习为载体寻回本然的道德光明良知内心，这才是教育的终极价值。如孔子所言："弟子，入则孝，出则悌，谨而信，泛爱众，而亲仁。行有余力，则以学文。" 德育为先，在 3000 年前的圣贤先古的智慧中早就熠熠生辉。

《周易·蒙卦》里面有一句话："蒙以养正，圣功也。" 即蒙童时代应培养纯正无邪的品质，这是造就圣人的成功之路。里面还有一句话："山下出泉。""山下" 有 "出泉"，则泉水必定会汨汨而来。朱熹说："问泉哪得清如许，为有源头活水来。" 我们由此就会明白，为什么有一些学道的人，学习其他东西会特别快，就好像开了源头的泉水一样。《坛经》曰："何其自性，能生万法。" 孔子曰："君子不器"，本质上都是这个道理。所以，从 "学" 这个繁体字，看出我们的学习第一步要学道，第二步学德，第三步才学术。

《说文解字》解释 "学" 的第二个发音为 jiào，觉也，说明学就是使人觉悟。没有学之前我们犹如在昏昏沉沉睡觉，把握不了自己，需要觉醒过来才能提升灵魂的境界。觉悟是我们今生最大最重要的事，也是 "学" 的终极追求。2500 年前的古希腊的苏格拉底提出 "教育即唤醒"，而英语中表示 "教育" 的单词 educate（动词）和 education（名词）都来自拉丁语的表示古罗马时期各蛮族部落的首领的词根 duc-（引导），字面意思就是 "将学生的天资引导出来"。大道相通，但是词源的产生比中国迟了 1000 年。

所以常说成绩分数是德育的附加值，一个孩子一旦被唤醒，则学习的内驱力可以无穷大，爻之术亦可无师自通。因此，在教育教学的过程中，秉持德育为先，应同时实施全员德育，让每一名教师都从自己学科与自己生命个体的角度，成为明师，点亮学生心灯，唤醒并照耀学生的前行道路。

繁体字 "习"，《说文解字》曰 "鸟，数飞也"，就是重复学，有两层含义：

其一"数"即为重复，其二"飞"为实践。白，素也，日之所为，素位之行。常常理解为温习、复习，但是与学又有区别，强调应用与实践，练习、复习、实习。犹如课改中我们强调教师要精讲点拨，以学生自学为主，发挥学生的主体性，同时要讲练结合，通过题目训练检测学的效果，这便是习的环节。而道德教育更是要杜绝口头说教，提倡学习主体在实践体验中去感悟与升华，由情入思，而后导行。《弟子规》也强调"不力行，但学文；长浮华，成何人"。而实践的环节日日不断就成为习惯，久久为功则化为秉性。故而，健全社团、学生会、自管委员会、学生仲裁法院等各类自主管理平台，让学生通过自我管理行为内化为自主生长的情感，升华为自主发展的觉悟，进一步回归指导、优化自主管理的实践，在这个开放闭环螺旋式生长路径中，学会用自己的力量成长。

故宫的乾清宫挂着一块大匾：正大光明。就是取自《周易·坤卦》的六二爻："直、方、大，不习，无不利。"象曰："六二之动，直以方也；不习无不利，地道光也"。坤为地，天圆地方。直就是正，方正、正直都是人的品行，辽阔无边才能包容万物。地道光也，即大地之道顺天承命，载育万物，博大光明，有了地道"直方大"的品德，就是觉悟了，不学习也能事无不利。老子说："人法地，地法天，天法道，道法自然。"由此可以更深一层理解"学"的内涵是道的学习，"夫大人者，与天地合其德"。大学之道在明明德，在于觉悟，在于唤醒学生内在光明正道，尔后如孔子所言"君子不器"，如六祖所言"何其自性，本自具足；何其自性，能生万法"，如阳明先生所言"此心光明致良知"。如此，便实现垂直攀登，直抵生命蓝海。故而，学校全员德育导师制的价值尤为明显：让每一位师者从自己的学科、自己的课堂、自己的生命视觉角寻到打开学生心灵的那扇门，走进、融入、唤醒，则青春之光明正道迎面而来。

三、融于情，生于思：完善情思德育的体系建模

《周易·蒙卦》中《象》曰："匪我求童蒙，童蒙求我，志应也。"意指不是教师主动求学生来接受启蒙，而是学生自己有困惑，主动来向教师请教。这样才能师生志意相应，才能解惑发蒙。正如孔子所言："不愤不启，不悱不发。"反思当下的学校德育，大多期望通过刻板而全面的制度上墙、单项而理性的说教灌输、严厉而尖锐的惩戒处罚等坚硬且缺乏温度的外力，达到立竿见影之育德功效，反而是事倍功半。《蒙卦》中的《象》曰："山下出泉，蒙，君子以果行育德。"在学生成长的启蒙期，生而未明之时，要知道自己的不足，虚心求

教，在合适的时间接受必要的教育。在育德方面要以果决其行，见善而迁，闻义必徙，不畏艰难而苟安一隅，如山下泉水涓涓细流，日日不断，自可早日进入圣域，成为一个中正之君子。

基于圣贤之理，广州市增城区教研室陈洪义老师提出的"情思教育"，追求情思交融而导行的教育效果，要求教师在教育过程中依托对学习者积极的学习情绪与情感的触发和调控，借助学习者活跃的思维体验与智慧的思想生成，促进学习者良好的行为习惯和行动能力等"行为和行动"素养的生长。

情思教育基于立德树人之理求心正与行正，重引情启思促行，以德育无痕化境尽显柔性之美。暗合道妙，促进学习者的意义建构与思维、能力自悟，实现教育活动中的"情""思""行"相融与统一。即在开放性的学校生态系统中，融彻万物润生发展，实现果行育德：通过校园环境与活动课程激发道德情感—提升道德思辨—升华道德觉悟—皈依道德实践，形成一个开放融合、闭合循环的德育生态系统。笔者在学校实践建构情思柔性德育生态系统如下：

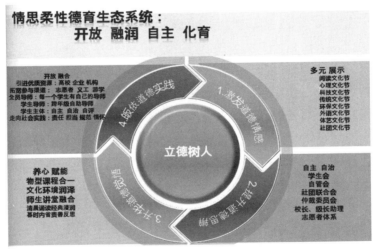

在此生态系统中，学校通过建构开放融合的格局，引进各类各层优质的教育资源；通过传统文化与现代化技术，创设融生教育场；通过校园活动的学生主体性组织、实施，生发道德情感与困惑；通过全员全程全方位指导，进行适性化触碰、个性化解惑；通过学生自我与互助评价、辩论与自我内省，提升道德思维力与道德觉悟，从而自觉皈依道德实践，成为正大光明的君子。价值观看得见，心中才有信仰、脚下才有力量。

四、养其心，赋其能：铸魂全面发展的必备品格

《庄子·至乐》："夫贵者，夜以继日，思虑善否。"在道德自觉内化的过程中，久久为功，不可一日偏废。道德情感或道德体验如何内化从而提升为觉悟？内省是最好的途径。笔者所在学校开发了养心赋能小班会，实现每日暮省吾身的修德环节。在此环节，学生学习每日经典，反思一日行为，勇于改过相互责善，明心净心，不断提纯自己的心灵品质。学校建设道德大讲堂，面向全校师生，进行经典分享与故事研讨，每一位参与者即是故事的讲述者又是故事的观察者，更是经典的学习者、道德的感悟者。《道德经》曰："天地之间，其犹橐龠乎？虚而不屈，动而愈出。"看不见的最有力量，情感体验、思辨提高、觉悟升华，直至实践皈依的开放循环过程，是无边界的立体学习时空再造，学生无论触碰到哪个节点，都已经裹挟进入这个道德发蒙系统，不知不觉地提高道德思维力、道德判断力、道德实践力，真正成为"为道而学"的"大人"。

《周易》曰："天地之大德曰生……生生之谓易。"天地之大德、大道是利益万物之和谐共生。在情思生态系统中，师生在明心净心的过程中形成了和谐共振的共生组织，家国情怀、理想信念、仁爱之心，深深亦厚植于师生共同行走的内心中。

第八节　情思柔性德育的四重境界 [1]

"横看成岭侧成峰，远近高低各不同。"在德育管理过程中，"一把尺子一样平"的教育现象依然普遍存在，这不仅违背了学生的成长规律，还容易挫伤学生稚嫩的心灵。"情思德育"的教育理念主张在德育工作开展的过程中，正视不同年龄段的学生或同一年龄阶段的学生所呈现出的不同心理特征，用柔性、充满弹性与活力的德育管理模式改变过去生硬说教式的教育，彰显德育成果。此外，情思德育更进一步强调从人的"情感"培育、"思维"生成和"行为"培养三个维度出发探索一条真正以人为本、以生为本的德育路径。其中，以景润人、以智启人、以情动人、以境化人四条路径在实施过程中相互渗透、层层递进，师生与生生间搭建自主和谐的桥梁，实现情、思、行的有效转换，浸润学生的个体生命，收获"无声胜有声"的教育效果。

一、以景润人

王国维在《人间词话》中曾记载"人生三境界"：第一境界是"立"；第二境界是"守"；第三境界是"得"。[2] 情思教育中以景润人为第一境界，《说文解字》中，许慎释"景"字从光，寓意引领其往光明的方向前进；"润"字从水，水曰润下。[3] 以景润人取育人之境，滋润万物之意，强调开展教育工作的前提是"立"，立育人之境。从教育心理学来看，学校对学生人格发展的影响主要表现在课堂教学、班集体与教师三大领域。[4] 其中，良好的班级环境可以使学生形成团结、友爱、合作等人格特征。在西方国家，埃里克森认为，青少年对自我概念和将来的期望容易感到混乱。因此，人格发展理论提出创设良好的育人环境，塑造积极健康的人格。而在中国 5000 多年前，王充早已发现"譬犹练丝，染之蓝则青，染之丹刖赤"，生动形象地说明青少年的可塑性因景而异。中国古代先贤对育人之境的重视更不乏孟母三迁、择邻而居等历史记载。因此，"以景润人"为第一境界，立育人之景，为学生发展指引前进的方向，满足学

1　此文发表在《师道（教研）》2020 年第 1 期。作者：顾金凤（情思德育研究项目成员）。

2　王国维.人间词话［M］.北京：人民出版社，2002：13.

3　许慎.说文解字［M］.北京：人民出版社，2002：256.

4　张大均.教育心理学［M］.北京：人民教育出版社，2011：51.

生最底层的心理需求，帮助学生培养自信、乐观的品格，进一步增强班级凝聚力。

2017 年 9 月，笔者曾组织本班学生参与全校班级文化布置比赛。在备赛初期，学生对如何布置班级文化显得彷徨自卑，甚至部分班委产生了放弃比赛的念头。笔者理解学生从未在这方面参加过比赛的、无从下手的困难，但这不是怯赛的理由，经验不足，可以在行动中积累，做人不能丢了志气。于是，笔者引导全体学生成立了四个小组：策划组、采购组、执行组、监督小组，由策划组负责班徽和教室风格的设计，采购组负责物资的采购，执行组配合策划组落实班徽制作、粘贴照片墙等工作，监督组负责修改完善、查漏补缺工作。全班学生在明确方向后，各显神通，一个月后，装饰出了一个美观、舒心且有文化内涵的教室。全班学生在得知班级文化布置获校一等奖时，欢呼雀跃，部分学生还流下了激动、喜悦的眼泪。之后笔者引导学生总结参赛心得，帮助他们将遇事不怕事、肯动脑筋巧安排的自信与方法迁移到学习中。学生在文化、体育、美术、计算机等各个方面的成绩有大幅度提高，科任老师一直夸赞：咱们五班教室美，学生优，人杰地灵！家长反馈：孩子知书达礼，品学兼优，他们很放心。

情思德育善于立，立育人之境。通过师生、生生间合力创建"有形"之景，以景物之"有形"激发情思之"无形"。苏霍姆斯基曾说："要使教育达到好的预期效果，就必须创造一个好的教育人的环境。"[1] 好的育人环境呈现两大特征：第一，班级布置注重营造浓厚书香氛围。笔者认为，充满书香气的班级文化可以通过班级图书角、班务栏、心愿树与荣誉版等布置来落实体现。第二，班级活动注重师生互动。通过定期设计班级活动，调动全员参与，包括班主任在内，可避免班级走向形式化。景以光前，以水润泽，水利万物。因此，万物中既包含培养个体自信乐观的人格，满足个体发展的心理需求；更要求师生与生生间以积极饱满的生活状态投入校园生活。只有个人目标与集体目标达成一致，学生的责任心愈强，班级凝聚力愈强。所以，以景引情，以情触思，以思促长，全面提高学生综合素质，关注个体生命的健康成长，首先要做到以景润人。

1　苏霍姆林斯基.把整个心灵献给孩子［M］.北京：教育科学出版社，1969：49-50；34-35；40.

二、以智启人

智即智慧，以智启人，即以智慧引领智慧。以智启人要求在遵循人的认知规律基础上，通过创设教育情境，引导学生进行独立思考与团体合作两种方式来获得自我成长与提升。以智启人将对培养学生解决问题时的众智集聚与情思迸发产生积极意义。社会多元化发展对人才提出了更高的要求。苏霍姆林斯基认为，教育归根结底是人的自我教育。过去的德育管理模式过多注重单向智力知识的传授，学生思维参与度低，缺乏激发个体潜在智力的有效方法。在中国教育理念中，"授人以鱼不如授人以渔"的教育观念备受推崇。它通过提供恰当的契机与手段，教其思，而不是代替其思的过程。在西方国家，罗杰斯认为智力元素应把知识内化为学生的自我追求。此外，笔者认为智力并非单向性，而是一个双向凝聚的过程。双向智慧的启发除了个体独立思考还需要借助众智集聚的启发。在促进发展理论中，维果茨基与皮亚杰提出"通过同伴相互作用，达到最近发展区。这是学生成长契机，也是成长最快的领域之一"。[1]情思柔性德育就是通过不断地将潜在的发展水平变成现实的发展水平，创造着新的最近发展区来获取更多的人生智慧。《学记》中记述"独学而无友，则孤陋而寡闻"，一个人的发展如果缺少与外界沟通与交流，就像无源之水，无木之林，智慧容易枯竭。以智启人通过与外界沟通与交流，在独立思考的基础上与不同的思维方式碰撞出火花，取长补短，从而更全面地认识问题的根本所在，获取更多的人生智慧。

过去的班会课多是班主任一言堂的模式，班主任站在讲台上，滔滔不绝地谈论班级乱象和治班心得，传递"绝世功法"；学生则坐在下面昏昏欲睡，不知所云，彼此相看怨恨生。为了改变这一窘境，笔者做了如下尝试：把班会课还给学生，激发学生的主人翁意识，实行值周班干部负责制，值周班干部负责应用"5+15+15+5"的模式召开班会课，即值周班干部先用5分钟时间总结班级上周优、缺情况；接着，6个小组共用15分钟分析班级存在问题的根源；之后，6个小组再用15分钟提出解决问题的策略；最后5分钟班主任点评、完善学生的策略，并表扬上周做得好的学生，对表现不佳的学生提出希望和要求。经过两个月的尝试，班风正，学风浓，学生黑亮的眼睛里折射着智慧之光，每个人身上都充满了灵性；班级在年级四项评比中基本上包揽第一，学校流动红旗每周

---

1 张大均.教育心理学[M].北京：人民教育出版社，2011：51.

都能领到。现在，班会课成了高一五班学生最期待上的课。

众人拾柴火焰高，及时、适时把德育成长的机会交还给学生，给学生一个展示自我的平台，赋予其当家做主的权力。以智启人，就是让每周的班会课成为调动、挖掘和培养集体众智的契机，学生会还我们一个奇迹。在《学习的条件》中，加涅根据学习方法将学习分为五种类型：言语信息、智慧技能、认知策略、动作技能及态度。其中，智慧技能的习得不应局限于书本，通过开展丰富多样的班级活动让学生在实践中发现问题、解决问题才能促进其智力的全面发展。因此，以智启人是实现情思柔性德育的重要组成部分，而培养学生的独立思考与团队合作思维则是以智启人的重要内容。关于如何实现以智启人，总结如下三点：一是开展活动型班会，调动集体成员群策群力；二是解除一言堂的智力启发模式；三是鼓励团队合作，集聚众智。在德育柔性活动中，应注意培养学生独立自主思考的能力，尊重学生不同的观点，支持学生用不同的思维方式理解事物，帮助其建立更全面广阔的知识架构。

三、以情动人

"情"，《说文解字》中释义为 情 ，"人之陰气有欲者，从心青聲"。情思教育重视引其情，启其思，触其行。"所谓情感教育，就是关注人的情感层面如何在教育的影响下不断产生新质、走向新的高度，也是关注作为人的生命机制之一的情绪机制，如何与生理机制、思维机制一道协调发挥作用，达到最佳功能状态。"[1] 随着经济的发展与社会的进步，国家教育目标从实现双基到三维目标到核心素养的转变，单一的认知策略无法满足当前的教育现状。[2] 所以，情感教育是维持柔性德育的关键要素。库姆斯主张，教育的目的绝不只限于教学知识或谋生技能，更重要的是针对学生的情意需求，使他们能在知识、情感、意志或动机三方面均衡发展，从而培养其健全的人格。[3] 健全的人格与情意需求是否得到满足呈正相关。在西方，苏霍姆林斯基的"情感动力"思想指出，情感犹如一台汽车的马达，将持续地给学生德育发展注满动力。以情动人作为情思柔性德育中重要的一环，关注学生情感需求。研究表明，青少年在校园生活中总

1　朱小蔓.情感教育论纲［M］.北京：人民出版社，2008：79.

2　褚宏启.中国教育发展方式的转变：路径选择与内生发展［J］.华东师范大学学报：教育科学版，2018（01）：1-14.

3　张大均.教育心理学［M］.北京：人民教育出版社，2011：88.

是渴望被喜欢、被注意、被关爱。被关注的状态可以触动学生内心最柔软的地方，因为学生的认知过程与情感过程是有机的统一体。

2018 年 9 月 12 日，在上第二节课（早上 8 点半）时，坐在靠近教室灯管开关旁边的潘岳同学，忽然把后面的灯都关了。此时坐在灯管正下方的钟国豪，马上转过头来很不满地瞪了潘岳一眼。潘岳恰好看见钟国豪愤怒的眼神，露出了很委屈、彷徨的神情。这些细节刚好尽收笔者眼底。此事虽小，但当场没有解决好，很容易累积学生的埋怨，出现祸事。于是笔者停止讲课，说道："节约用电是我们的美德，昨天老师跟潘岳说了，每天尽量在 8 点左右把灯关了，今天天气不是很好，所以潘岳同学才推迟到现在关灯，他已经兼顾了同学们的需要，做得很好！这个灯长不容易当，同学们要学会体谅！老师希望同学们今后在相处过程中，遇到事情时，彼此之间要多点宽容与体谅！"解释完后，笔者看了看钟国豪和潘岳，他们的眼神再次交流时仿佛在说着"对不起"和"没关系"。现在他俩成了很好的朋友。

学生无意中的一个眼神、一句轻描淡写的话语、一次不同寻常的行为等不同的形态都是学生情意的外在体现。德育实施的一方需适时留意学生极细微的变化，关注个体的情意需求。因为当教育被窄化为知识教育时，教育在情感层面的发展目标则被边缘化甚至淡化，课堂教学被认知教育替代。在学习与考试的过程中，重复单一的行为使学生在对成绩、知识点的角逐之中成长，导致个体情感这一生命优势反而被忽略。这是一种知、情严重分离的教育，无意中摒弃了与学习活动相联系的任何情感，导致我们否认了自身最重要的部分。走进新时代，情思柔性德育始终关注教育中的生命个体，知、情结合，从学生实际出发，寻找个体生命的情感优势，关注他们的情感需求，引导他们向真向善向美。因此，情思柔性德育是智能、情感的结合体。

四、以境化人

以境化人是以景润人、以智启人与以情动人的最终体现。马斯洛的需求层次理论将人类需求分为五种层次，分别是：生理需求、安全需求、社交需求、尊重需求和自我实现需求[1]。情思德育提出的以景润人到以智启人再到以情动

---

[1] 亚伯拉罕·哈罗德·马斯洛.动机与人格［M］.方士华，编译.北京：北京燕山出版社，2013：132.

人，最后到以境化人，符合个体生命发展的规律。以景润人通过创设和谐、温馨的班级环境，给予学生归属感，满足其安全需求；以智启人通过启发个体思维，满足其社交需求；以情动人通过触动个体内心柔软之处，满足其尊重需求。彼此之间相互渗透、相互影响，最后以境化人是个体生命发展的自我需求。

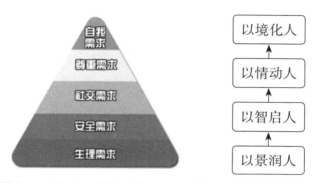

记得刚接管高一五班时，学生之间还是比较陌生的，于是笔者在班上设立了一个"微笑月"，通过彼此见面微笑问礼、班会上互相说对方优点等活动，为学生创造一个能够拉近彼此心灵的人文环境；在接下来的学习过程中，笔者发现学生很容易浮躁，于是设立了一个"踏实月"，旨在引导学生平心静气，惜时敏学；接下来又有"关爱月""自信月""奋发月"等等。每个月都会根据学生的实际需要，在班上设置一个主题月，整合利用学生身边一切可开发利用的资源，将学生所处的外部环境构建成育人的场所，挖掘学生"智"与"情"的潜力，以"小步快走"的方式提高学生的综合素质，让学生成为更好的自己，以获得更多的人生成就感和幸福感。

结语

多年来受教育的功利思想影响，德育工作面临着人文精神淡化、管理缺乏弹性机制等挑战。情思教育以学生个体生命浸润为价值导向，提出以景润人、以智启人、以情动人、以境化人四条德育路径，彼此互相渗透、层层递进，最终通过在师生间、生生间建立自主和谐的群体关系，实现德育情、思、行的良好转换，最终达到学生个体生命得以浸润的无痕化境效果。情思德育立足学生实际与需要，立德树人，追求教育的无痕化境，是对传统德育工作的"破而后立"。从人的"情感"培育、"思维"生成和"行为"培养来凸显教育的价值和意义，适应了深化基础教育改革的需要，值得一线教师深入研究并践行。

第九节　批判性思维与情思历史教学 [1]

教育是什么？华东师范大学终身教授叶澜长期研究生命教育，认为一是教育是直面人的生命、通过人的生命、为了人的生命质量的提高而进行的社会实践活动，是以人为本的社会中最体现生命关怀的一种事业。二是教育通过"教天地人事，育生命自觉"，实现人的生命质量的提升，体现教育中人文关怀的特质。三是教育通过提升人的生命质量，为社会提供各种人才，实现其社会功能；教育是人类和社会"更新性再生产"活动；社会发展要求实现终身教育，要求"社会教育力"的集聚与提升。[2]

笔者在将批判性思维应用于历史教学的实践研究中，有效地把批判性思维融入情思历史教学中，追求生命教育，开展了系列实践活动。

一、树立学生的主动性地位

批判性思维是最富有创造性的思维形式与思维能力，是个体基于客观事实进行的多元、理性的质疑和思考。其特点有四个：一是主体是个体，二是思考与质疑，三是多元，四是理性。其中，敢于质疑和思考是前提，多元是方法，理性是原则。因此，情思历史教学首先要突出学生的主体性与主动性地位。

苏霍姆林斯基说过："只有能够激发学生去进行自我教育的教育，才是真正的教育。"[3]"没有自我教育就没有真正的教育。"[4]

教育家李海林教授也认为，在教育哲学里面，所谓主动性，包括四个层面。一是目的主体性：教学的目标，就是为了学生，学生就是目的的主体。二是伦理主体性：学生是一个独立的主体，我们在教学中，要尊重学生的人格。三是活动的主体性：学生要自己展开学习活动，要有自己的亲身体验，教师不能代替学生学习。四是发展主体性：学生是一个发展着的主体，正在发展中，教学的目的，正是促进学生的发展。……"发展主体性"这一概念之所以成立，是

1　此文发表在《中学历史教学参考》2018年第2期。作者：林良展、陈洪义。

2　叶澜."生命·实践"教育的信条[N].光明日报，2017-02-21.

3　瓦·阿·苏霍姆林斯基.少年的教育和自我教育[M].姜励群，等，译.北京：北京出版社，1984：99.

4　瓦·阿·苏霍姆林斯基.帕夫雷什中学[M].北京：教育科学出版社，1999：13.

有一个前提的，这个前提就是：学生之所以是学生，就是因为他的发展是不充分的，否则就不需要教了，他就不是学生了。我们必须承认学生与教师有一个"智慧上的差距"，这是我们理解学生的"发展主体性"的基本前提，也是我们理解教师这个职业的一个基本前提，甚至也是理解教育的本质的一个基本前提。[1] 因此，他认为，教育的本义不是"改造"，而是"寻找"。教育不需要把学生的个性改造成为教师认为的更好的样子，而是寻找学生的个性之美，成就学生的个性之美。

著名的东北师范大学冷冉教授也从学生心理过程分析，提出"情·知教学"，学习一方面是"感觉—思维—知识、智慧（包括运用）"的过程，即认知过程；另一方面是"感受—情绪—意志、性格（包括行为）"的过程，即情绪、性格的过程。[2]

因此，情思历史教学的情境设计与思考过程，均要充分体现学生的主体性与主动性，重视学生的认知水平、个性差异和思考能力，才能真正体现批判性思维。

有学者认为，批判性思维就是反思的倾向和技巧。许多历史大人物的性情、思想、行为一直处在变化之中，很难用一言两语来概括。情境化的教学有助于呈现历史人物的个性特征，也就有助于学生在发展中不断评判事物，努力还原历史的真相。黄牧航教授指出，历史学科的教学情境化有两种情况：第一种情况是指如何把该学科的知识运用到新的实践中；第二种情况是指如何从情境化的角度去理解历史上曾经出现过的人和事。[3] 笔者在设计"罗斯福新政"一课时，努力建构不同历史现场的情境，以"从美国人民四个时期的脸部变化再看罗斯福新政"为题，按时间顺序设计了四个情境环节。一是狂妄：理性的丧失（20世纪20年代）；二是绝望：末日的到来（1929—1933年）；三是期望：新生的曙光（1933—1939年）；四是希望：繁荣的光临（"二战"后）。每个环节均以当时人的脸部表情为切入点，每个环节由不同的学习共同体去感受与分析，关注每个学生与每个小组对历史问题的理解与分析。

---

1 李海林.语文教育的自我放逐（下）——评当前语文教学改革中的几种倾向[J].语文学习，2005（5）:12-16.

2 冷冉.冷冉教育文集[C].大连：大连出版社，1998.

3 黄牧航.论历史情境命题[J].历史教学，2012（13）：5-13.

二、建构研究真问题的学习环境

赵亚夫教授指出，批判性思维旨在还原历史教学的本质，它首先是一个积极主动的思考过程，所有归纳、演绎、推理、分析、解释等学习技能，都蕴含在相当具体的脑力活动中，皆以质疑并解决疑难问题的方式表现出来。[1]因此，情思历史教学与批判性思维两者相互融入，关键在于建构"真"问题的学习环境。

在建构主义学习环境中，学生是认知主体，是意义的主动建构者，……教学设计通常不是从分析教学目标开始，而是从如何创设有利于学生意义建构的情境开始，整个教学设计过程紧紧围绕"意义建构"这个中心而展开，不论是学生的独立探索、协作学习还是教师辅导，总之，学习过程中的一切活动都要从属于这一中心，都要有利于完成和深化对所学知识的意义建构。[2]

正如德国心理学家卡尔·雅斯贝尔斯所说："教育就是一棵树摇动一棵树，一朵云推动一朵云，一个灵魂唤醒另一个灵魂。"[3]"情境"脚手架的搭建即是问题创设的过程，教育的过程就是人与人对话的过程，对话才能真正唤醒人的灵魂。爱因斯坦曾说过，提出一个问题往往比解决一个问题更重要，因为解决问题也许仅仅是一个教学上或实验上的技能而已。而提出新的问题新的可能性，从新的角度去看旧的问题，都需要有创造性的想象力，而且标志着科学的真正进步。

情思历史教学重视学生"思"的过程，这就需要教师设计系列提问，而提问是最有利于提高学生批判性思考力的方式之一。2017年全国历史高考大纲指出，注重考查在唯物史观指导下运用学科思维和学科方法发现问题、分析问题、解决问题的能力，从而把"发现问题"首次列为高考考查能力，积极呼应了立德树人这一高考改革方向。但是，哪些问题值得发现？为什么要去发现？如何去发现？发现问题并不重要，发现问题的质量才是评价的尺度，即发现真问题才是真正发现问题。如果问题根本不存在，那所谓的发现就是"伪发现"，讨论就是"伪讨论"。

1　赵亚夫.批判性思维决定历史教学的质量[J].课程·教材·教法，2013.（2）：71-77.

2　钟毅平，叶茂林.认知心理学高级教程[M]合肥：安徽人民出版社，2010.

3　卡尔·雅斯贝尔斯.什么是教育[M].邹进，译，上海：生活·读书·新知三联书店，1991.

什么是"真"问题？现代汉语辞典注释，问题是指需要研究讨论并加以解决的矛盾、疑难。目前，历史教学活动中教师设计的伪问题或是无效问题屡屡出现，例如，只需答"是"或"否"的问题：富兰克林·罗斯福是不是伟大的人物？世界大战是不是带来人类灾难？看似很好而没有意义的问题：农民为什么要参加土地革命？地主为什么要反对农民起义？貌似高深而无法回答的问题：如果你是光绪皇帝，你会如何推行变法？等等。

如何设计出"真"问题？美国著名心理学家吉尔福特认为，每当你遇到不进一步做心理上的努力就不能应付的情况时，你就遇到了问题。设问要以教学目标为指南，以教学任务为方向，从学生的认知出发，抓住疑难点进行提问。笔者在情思历史教学的提问时尝试了如下的程序：创设情境，产生疑难——提出问题，引发思考——运用材料，分析论证——开展讨论，寻求答案——进行评价，深化总结，形成新的问题。

三、引导学生进行理性批判

梁启超先生指出："史家的工作和自然科学家正相反，专务求'不共相'。倘若把许多史迹相异的属性剔去，专抽出那相同的属性，结果便将史的精魂剥夺净尽了。"[1]治史要明变，要求异，但要在理性的原则上求异。赵亚夫先生指出，决定历史教学质量的关键因素是教师，由先进的教育观念和教学方法所产生的教师力量，远大于教科书所起的作用。[2]为此，他认为，批判性思维决定历史教学的质量。批判性思维正是基于理性的求异，只"批评"不"判断"，只推翻不建构，不是真正的批判性思维。

"情思"基于"情"而聚于"思"。在教学中，"思"既是课堂学习的目标，又是课堂学习方式和途径；作为课堂学习方式，"思"是思考，也是思路、思维、思想。要让学生真正认识真、善、美，形成正确的人生观、价值观与世界观，必须引导学生进行理性批判。

第一，提供不同角度的史料，善于制造"冲突"。例如在学习"英国君主立宪制"一课时，可提供两则不同角度的史料，分别是：

材料一 （摘自 1689 年《权利法案》）凡未经国会同意，以国王权威停止

---

1 梁启超.中国历史研究法 [M].北京中华书局,2009.5
2 赵亚夫.批判性思维决定历史教学的质量 [J].课程·教材·教法，2013.（2）：71-77.

法律或停止法律实施之僭越权力，为非法权力。凡未经过国会准许，借口国王特权，为国王征收，或供国王使用而征收金钱，超出国会准许之时限或方式者，皆为非法。除经国会同意外，不时在本王国内征募或维持常备军，皆属违法。

材料二　18世纪中叶，一位英国内阁成员在议会发言中说："诸位都知道，媾和与开战的权力是由国王掌握的……我们的宪法始终表明，国王在决定和平与战争时有权利让议会参与，也有权利不让议会参与。没有哪位明智的国王真的会冒险不让议会参与。"

教师向学生发问：材料一是否说明英国君主处于"统而不治"的地位？（学生根据教材和已有知识，一般都认为是）那材料二中的君主为何还有如此大的权力？学生的认知心理产生了"冲突"，自然对已有知识开始怀疑、批判与思辨。

第二，提供不断深化的史料，勇于突破传统。在学习"社会主义市场经济体制的建立"一课时，可提供三则不断深化的史料。

材料一　（摘自梁治平《市场·国家·公共领域》）在中国历史的不同时期，市场不但在或大或小的范围里存在，而且常常扮演着重要作用。然而，有将近40年的时间，市场从我们的社会生活中逐渐退出乃至消失……最近几十年里，对我们日常生活以及我们生活于其中的世界影响最大最深刻的莫过于市场了。

材料二　（摘自吴敬琏《正本清源，分清是非》）有些人认为，只要建立市场经济就好了，不管是什么样的市场经济都能保证经济的昌盛和人民的幸福。实际情况并不是这样。市场经济是有好坏之分的。目前世界上实行市场经济的国家占了绝对多数，但是建立起规范的市场经济的国家并不多。

材料三　（摘自刘军宁《新加坡：儒教自由主义的挑战》）工业化只是自由市场经济（加上代议政治）自然运作的产物……在20世纪有许多国家都曾试图避开市场经济来新辟一条工业化的道路。但这种抛弃市场的工业化战略并不成功。

教师可要求学生自拟题目，从不同角度去论述社会主义市场经济建立的可行性思考。

第三，提供互相补充的史料，引导学生理性判断。在学习"抗日战争"一课时，可提供两则不同时期的史料。

材料一　（引自2015年全国历史高考I卷第30题）1933年到1937年上半年，国民政府军事委员会先后统筹完成了江宁、镇江、虎门、马尾、连云港等要塞区的建设，又大规模构筑了京沪、沪杭、豫北、晋北、绥东等侧重于城市和交通线防御的工事。它反映了国民政府（对日持久防御作战的战略意图）。

材料二 （引自2016年全国历史高考Ⅰ卷第30题）1943年8月，国民党颁布《抗战期间宣传名词正误表》，把"亲日派""长征时代""争取民主""国共合作""抗日民族统一战线"等归为"谬误名词"，禁止刊载，这反映了国民党（力图维护一党专政的局面）。

教师可引导学生分析，如何正确评价抗战时期的国民政府与国民党的执政方针。要注意引导学生正确看待两者的特点，提升原有的认知水平。

批判性思维重在培养学生的创造性思维，情思历史教学关注学生的终极发展，把两者有机结合，或者说情思历史教学本身就是一种批判性思维方式的教学方式，充分体现了历史教育基于立德树人的教育本质，有效提升了教学质量。

第十节　身教正行，要让爱看得见 [1]

俗话说言传身教，言传与身教是德育教育非常重要的方式。身教与言教最大的区别就在于，身教是一种通过他人的行为的唤醒式教育，也就是一种吾见即吾思的促悟式教育。这种教育最关键的是教育过程中需要让"爱"看得见。

笔者基于情思德育理念，结合线上教育特点，积极探索身教路径，让情思之爱多维再现，取得理想的正行效果。但不管是教师、学生还是家长的身行都是独立的，要发挥其最大作用必须要借助教师情感上的推波助澜来达到同理认同，同时还要有适当的行为契约，只有达成美丽的契约才能发挥最大作用。三者相辅相成，只有当三种力量融合在一起才能形成一股强大的合力。接下来，笔者结合线上教育来谈谈德育工作应该如何让爱被看见。

一、老师的身教：情思家书，让老师的关爱看得见

教师的言传身教，可以让学生产生同理认同的心理，只要在情感上达到了共识，在认知规律上也会有所改变。如何让老师的关爱被学生看得见？最好的方法是表达爱、传播爱。但表达的方式有很多，效果也不一。寒假期间，我们的情思家书一下子就把师生之间的距离拉近了。我在家书中道明了参加线上课程的重要性。从学生的回信中可以发现，家书触动了孩子的心灵，他们了解了线上课程的重要性，有些孩子在家书中还提到对老师的感激之情。小罗就是其中一个典型代表。

小罗同学在家书中提到与笔者的故事，说起如何得知元旦那天是笔者的生日，如何"密谋"给笔者准备生日晚会，还打电话"试探"笔者晚上回不回校。那晚笔者不需要坐班，但是，为了给学生一个表现爱的机会，笔者来到晚会现场（其实就是教室）时，"假装"很惊喜与意外，不过现场感太强，还是收获满满的幸福与感动。她还提起体艺节当晚，她与几个舍友在关灯后谈心，大概谈到学习压力、谈到父母期盼后全都哭了，刚好被笔者巡查宿舍时发现了。笔者以学姐的身份分享了一堆笔者高中阶段的学习生活和备考经验，令她们感同身受。触动心灵的交流往往容易产生共鸣。那晚离开前，笔者还给她们做了一

1　此文作者为郑中钧中学教师陈观清（情思德育研究项目成员）。

个卖萌的丑脸，暗示她们再哭下去就不美了，最后她们都笑了。用心感染，用爱浇灌，话不在多，有时候一个眼神、一个动作足以。另外，小罗还提到对数学老师的感激之情，因为数学老师曾在我们的班级日记本中写道："没有前生的亏欠，没有来世的承诺，只有超越。超越性别的爱，超越年龄的爱。爱你们，笔者的孩子。"大概是老师的这种大爱感染了学生，很多学生都在笔记本后面抒发了对科任老师、对同学、对班集体的想法。寒假期间，学生在家书中还特意提到这件事，说明老师的爱已经在学生心中生根发芽。由于小罗对学习的用心，班上流传着"一天不学习就有满满的罪恶感"的小罗精神。因此，看得见、摸得着、耐人寻味的爱才刻骨铭心。真正触动学生的情感才能产生思维的碰撞，起到德育化痕之效果。

二、学生的身教：作业交流，让学生的示范看得见

为了更好地在学科教育中渗透德育教育，更大程度地提高学生的学习积极性与高效性，笔者开展了定期的作业互批、互批后交流和作业评优等激励政策。作业互批可以让学生看到别人是怎么答题的；互批后交流可以得知对方为什么会这样答题，在交流中碰撞思维，促进思考；作业评优可以增强学生的自信心，进一步提高学习积极性。朱同学和王同学就是这个激励政策下进步极大的典型案例。

鉴于朱同学和王同学的成绩是挺不错的，唯有笔者执教的学科是短板科目，于是笔者先通过线上交流，深入了解他们的薄弱知识模块，进而提出一些适合他们的学习方法，最后还要求他们每天至少一次线上交流，对当天的课程和作业有不明白的问题进行讨论，在讨论中发现问题，明晰审题方向，规范答题技巧。经过一个月的实践，笔者在批改作业时明显发现两人的答对率提高了很多，极少出现审题错误，答题的广度和深度也有了很大进度，在评优榜中出现的频率越来越高，这对其他同学的触动很大。通过学生每天的作业反馈来反思总结，作业完成优秀和进步较大的同学都给予大力表扬，大家都看到其他同学的努力付出和点滴进步，通过同伴的榜样示范起到他身身教之效果。后来笔者请他们分享了这段时间的学习经验，包括对网课的态度、对作业的看法等等。笔者引导学生以自己为榜样，以同伴为榜样，互相学习，取长补短，共同进退。

三、家长的身教：真诚对话，让家长的信任看得见

家，是学生从小生活的地方，家庭教育不容小觑，家校联系不能断链。父母的言行举止都会影响到小孩。家庭教育中，家长所起的作用很大。笔者要让家长的信任被学生看得见，感受得到。

笔者班上有这样一位极度紧张的家长，不懂得如何与孩子交流，不敢进孩子房间，深怕打扰到孩子学习，不敢主动聊与学习有关的事情，担心给孩子增加压力。另一位家长反映自己的孩子在家整天玩游戏，不上课不写作业，自律性极差，多次教育效果不大。笔者认为这种种问题都是缺乏沟通、交流不到位导致的。于是，笔者布置了一项"角色互换"的家庭作业，家长与学生换位体验一天对方的生活，然后深入思考一下对方的学习与生活如何才会更高效，最后再进行一次真诚的对话交流。

经过真诚对话后，第一位家长告诉笔者，原来自己一直以来的小心翼翼都是多余的，孩子根本没有自己想象的那么脆弱和不堪一击，其实孩子很有想法，也是很希望跟家长分享内心世界，一家人说话不需要藏藏掖掖，坦诚布公才是最好。第二位家长告知笔者，他发现了自己的最大问题是一直以家长至上的态度去要求孩子，平时的交流方式都是任务式的，引起了孩子的反感，孩子认为家长不了解自己，才会用玩游戏的方式来抒发情感。这次交流后孩子的态度有所改变，有了学习的主动性，说明家长与孩子之间的深入交流起了作用，这让老师、家长都看到了一丝希望。笔者通过各种方式引导家长以身作则，给孩子营造一种看得见的信任感，对于难以解决的问题也要有一种不放弃不言弃的精神态度，动之以情，晓之以理，真正将家庭力量拧成一股绳，才能形成强大的磁场，才能促进学生的改变。

德育工作是烦琐的，但又是最容易让人感觉到幸福的。每当想起学生说的"当阳光败给阴霾，没有想过您会为我拼命拨开""是您让我看见干枯沙漠绽放花一朵"等话语，笔者就会感觉所做的一切都是值得的、有回报的。因为，学生最大的福报是能遇见改变其命运的老师，能遇见改变其命运的平台。以情启思，以思促行。当柔软触碰灵魂，就会引发学生不断思考，牵引着他们一天天成长。只要用心用情管理班级，学生自然就会认同，随之就会产生归属感和幸福感。只有发自内心的欢喜与特爱，学生的未来才是明亮的，有希望的。教育永无止步，唯有持之以恒，以身教引正行，以正行促学习。德育需要让爱看得见。

第三章
DI SAN ZHANG

我和"情思教育"

微按

◆ 湛江的陈靖老师说："人生的道路充满坎坷，但总有一些美好会不期而遇。毕业后的我满怀着梦想与激情登上三尺讲台，却遭遇了现实的滑铁卢。幸运的是，困顿中遇见了陈洪义老师和他的情思团队。在情思之路上我重新找回了自信，并收获了成功。"广州的张伟涛老师也说："在因缘际会下做了陈老师的工作室秘书，从此我的课堂教学和人生体悟被烙上了'情思'二字，我因此受益匪浅，也取得了令人满意的成绩。"情思教育团队核心成员先后有成百上千位教师不同程度地进行了情思教育实践。情思理念认同感强、理解深刻、实践扎实的教师，都取得积极的成果与成长。

助人以艺，谐情明思

——我与情思教育

增城中学　张伟涛

　　我与正高级陈洪义教师所倡导的情思教育结缘于 2018 年度的广州增城区历史教研会上。陈老师从大学时期创作诗歌的思维路径讲起，为我们求知若渴的后辈介绍了情思教育的缘起和发展历程。我当时被陈老师发人深省的讲授深深吸引，有醍醐灌顶之感。此后在因缘际会下做了陈老师的工作室秘书，从此我的课堂教学和人生体悟被烙上了"情思"二字，我因此受益匪浅，也取得了令人满意的成绩。

一、情思教育革新了我的历史教学观，从浅层的"以知识为本"转化为真正意义上的"以生为本"

　　作为长期从事一线历史教学的我时常向自己发问："为何我们尽心尽力地把历史知识成系统、分类别进行了教学、辅导和测评，我们的学生对知识的理解依然停留在浅层逻辑上面，即使有些真知灼见，也不能触类旁通，有效地内化为自我认知？"陈老师在一次茶叙中提醒我，目前的历史课堂只是停留在历史知识逻辑推理层面，没有较好地完成历史知识迁移的目标，需要进一步采取措施促进学生历史解释能力的提升，才能帮助学生不仅知晓各种形式的历史载体，而且能深化历史载体背后所隐含的历史真知，要"目中有人，心中有情，思中带情，才能知行合一"。之后我认真反思我的历史课堂，是否出现超前设限，过度地拔高学生的基础认知水平；是否表现出所设情境在时空维度、文本理解难度、逻辑推理等层面出现知识与学生的认知脱离或者超载负荷的现象；是否呈现出过多地注重历史知识的传递和反馈，忽视了情感因素，把作为提升学习力的意志力培养抛诸脑后，抑或重视历史解题技艺的训练而较少关注学生心理状态波动的实际情况。为此我特别聚焦于我的课堂教学过程，把课堂教学的各个步骤分成不同片段进行微格思考，调出有疑问之处进行反思。在之后的历史教学中，我特别注重适性教学理念的渗透，深刻挖掘学生最近发展区的价值，不再盲目追求课堂的炫彩夺目，回归课堂的本质，尽力与学生思维处在一个可以互通交流，深入领会探讨的领域。自始至终要求教学的每一个过程与环节是真正意义上为学生设计，而不单单是为完成教学任务进行的情境选择，目的是要把以文本史料为主的历史情境在有限的时间内成功"推销"给学生。

除此之外，我亦关注成长状态中学生思维深度的发展变化，不忽视学生单个主体在表述历史解释的主动性和创新性，把特殊的历史思维变成激起课堂思辨行为的触发器，起到抛砖引玉的作用。历史课堂的组织形式也变得丰富多彩起来，除了坚持一直实行的小组合作的学习方式之外，更加积极且慎重地采取措施处理小组合作过程中如何呈现出学习的合力，激发学生的学习主动性和有效性等问题，例如历史人物评论分析会、历史学术专著赏析会、历史小论文课堂限时比赛等。"因感动而教"，"因感动而学"，已经成为我教学的座右铭，只有时刻保持触发教学激情的感动体会，才能让我在纷繁芜杂的教学生活中一直坚信"以生为本"的理念灯塔，保持适性历史教学的有效落地。在这个过程中，我的教学观得到了极大的改变，我的教学人生也因此变得有趣、有意义和有精彩。

二、情思教育革新了我的德育观，其柔性德育理念系统性深化了我对班级管理、立德树人的看法

柔性德育强调德育工作志在教人做人做事，即教人识行与慧行。能做人者，情商高；能做事者，智商高。情与智是学生行之先导，教育学生识行、慧行就要让其在情思交融中识行，在实践体验中慧行。我们所真实经历的教育对象是一群具有强大塑造能力的青年，他们对于外在世界的冒险欲与内心世界的敏感情绪交叉互行，处于人生中急切盼望证明自己的时期。冒险意味着可能性的失败，失败意味着可能性的自悲，如果不加以合理的疏导而仅仅是耳提面命般地说教或是盲目乐观地一笑而过都有可能造成层垒般的负面情绪疏导，不利于青年健康的成长。

以前在处理班级事务时，面对一些较为特殊的同学，我往往采取"和光同尘，与时舒卷"的处理方式，希望他们能够感知老师的善意，不再出现违背学校纪律的现象，但事情并不都是按照我的设想向积极方向前进。部分学生甚至会认为老师处理问题过于软弱，有躲一时风平浪静的快感。学生的无效反应与我期待的有效结果之间南辕北辙的事也有发生。柔性德育的理念的介入使我重新思考上述现象。我们把学生当作成长中的人，人可以在经历错误之后积极修正自己的行为，提高自己的情商、智商，但作为传媒中介的我们过多地讲述他们没有经历过的事实并以此为说教，自然会让学生在多次听取后觉得话语类同

并无新意之处，自然落得个竹篮打水一场空。柔性德育不是体现在话语柔、重复出现的语境语态，而是呈现出的长期流动中润物细无声的示范效应。

每个学生都不是完美的，正是这些不完美的学生给了我们工作的意义。帮助他们规避或者减少错误是我们努力的方向。我每天以饱满的热情对待工作和生活，把积极向上的情绪传递给学生，不再过多注重于琐碎事情的反复说教，而是把工作的重心转移到个体学生中去。例如我会积极观察某些特殊学生的衣食住行，悄悄提醒他们注意饮食种类的丰富，并对他们的进步提出合适合理的表扬，刺激这些学生内心正能量的成长，用此来约束他们不良情绪的滋生。

柔性德育强调在实践中履行有价值、有意义的道德要求，在正确价值观的指引下完成学生个体行为即知行合一。为此，我充分准备了一些有参与感的班级活动，以此提升班级的凝聚力，把优秀的价值观念灵活地渗透进班级学生心灵之中。例如我组织了"假如我是班长"的活动，一方面发现班级里面有管理能力的学生；另一方面凝聚共识，把集体主义荣誉感置于全班整体价值观的核心层面。通过诸如此类型的活动，将原本说教的内容变成学生道德和善意的外在表现，学生主动分享其内心的想法和积极畅想有意义的未来，正能量在班级内部聚集，积极情绪的集聚效应也得以发挥。

三、情思教育提升了我的教学研究能力，从"为完成任务被动研究"到"逐步发现问题主动探索"

情思教育是内容与形式相统一，理论与实践相配合的体系。一般教师在教育教学过程中专注于具体教学技能的提升，形象或者具象化地去进行经验式的总结。这样做的结果导致课堂节奏感不强，各个步骤都有喧宾夺主的嫌疑，少了主题串联，对于局部问题耗时不均衡，导致课堂教学效果停留在一知半解的模糊状态，极大影响了教学质量。情思教育是从情感入手，思维启迪落脚，情思和弦为最终目的。在陈老师的细心指导之下，我确立了创生历史教育作为我的教学研究的方向，把研究着力点放在学生实质性的思维力提升和历史解释能力提高上面，摒弃只顾外表合作、只图表面热闹的形式上的合作学习的固定模式。

为此，我耗费大量时间研究如何培养学生自我表述历史的话语能力；分析学生历史学习能力尤其是历史解释形成和体系建构过程中所需要的外部刺激；探究以学生为主体的历史课堂如何在真正意义上发挥"人"的作用。在陈老师的关心爱护下，我克服繁重的教学任务带来的压力，在课堂教学质量提升和教学研究层面取得了一定的成绩，毕业班成绩稳居全区前列，主持或者在研区级及以上教学课题 4 项，在《中学历史教学》《课程教学研究》等杂志发表文章多篇，出版历史教学专著一本，参与编写《新高考背景下的教学管理》一书，《两宋政治军事》教学设计获得教育部课程研究所优秀教学课例。这些教育教学成果皆是在情思教育的理论指导之下深刻反思我的教学行为的结果，也是情思教育带给我教学能力提升的佐证。

　　情思教育是尊重人、激励人、优化人的教育思想，它犹如一盏指路明灯，照亮我教育教学的前行道路，告诫我不能忘记教师"承包的那份田地"，修己达人，在帮助别人的过程中提升自我，只有感恩周遭，才能升华自己的精神世界。

非团队无以致远

——我的情思成长之路

湛江市第二中学　陈靖

人生的道路充满坎坷，但总有一些美好会不期而遇。毕业后的我满怀着梦想与激情登上三尺讲台，却遭遇了现实的滑铁卢。幸运的是，困顿中遇见了陈洪义老师和他的情思团队，在情思之路上，我重新找回了自信，并收获了成功。

一、跋涉：孤独与仿徨

从我走上讲台的那天起，我就不断地问自己：怎样才能让学生喜欢我的历史课？我想让学生在历史课中获得什么？漫长的摸索中我似乎有了答案，那就是让我的历史课有"通"感，让学生获得"通"感。

"究天人之际，通古今之变"是司马迁编写《史记》的目的，也是他对史学的信念。历史课也应该要有这种"通"感：在智识上"通古今之变"，让学生的思维变得开放而敏锐；在情感上"通古今之情"，能对先人的处境和行为做同情式理解，分辨出历史中的真善美与假恶丑，从而养成待人接物不偏不倚的正确态度。

康德认为，哲学教师的工作就是帮助学生避免成为独眼龙。他指出，所有的学术方案都倾向于培养学生成为独眼人，从其专业化的单一视点去看世界。然后，这些学生就进入生活，参加工作，从而进一步加深他们的近视，并继续从一个狭窄的视界去看东西。哲学，是"独眼龙主义"的上佳解药。《像哲学家一样思考（上册）》中的这段话引起我强烈的共鸣。史哲不分家，如果说哲学是从整合学科的横向角度避免独眼龙主义，那么史学可以说是从时间发展的纵向角度避免独眼龙主义，两者都强调一种全景式的整合视野，即我所说的"通"感。

如何让我的历史课具有这种"通"感？教学本就是戴着脚镣跳舞，在有限的40分钟内必有取舍。新课改后课堂虽然可以不囿于教材，但我也不可能抛开重点考点另搞一套，只能是将课本知识进行适当调整，加以补充和拓展，适时引导学生进行古今对比、中外对比，鼓励学生思考历史的各种可能与必然，让他们真切感受历史跳动的脉搏和发展趋势。

理论很丰满，现实却很骨感。虽然学生很喜欢我的历史课，但文理分科后考试成绩并不理想。文科普通班的学生基础普遍薄弱，理解接受能力有限，很难将课堂所讲与书本知识融会贯通。再加上缺乏良好的学习习惯，不重视课前预习和课后巩固，很多学生甚至连基础知识都不过关。"得天下英才而教之"是每位教师的心愿，但"英才"在文科普通班却是可遇而不可求。因 P 值不达标，最初几年我都没能带上高三。一个北师大毕业的硕士研究生，在高二连续蹲守了三年，这恐怕早已成了同事眼中的笑话。

难道教学就只是为了教知识应对考试吗？究竟是该为分数而教，为上高三而教，还是坚守自己的初心，为教育理想而教？我陷入深深的痛苦和迷茫之中。

二、遇见：欣喜与感恩

2017 年，我承担了一节科组公开课"战后资本主义经济的调整"，我以一个虚拟人物的经历为线索将本课知识点进行整合和串联。评课时，刘剑老师指出虚拟人物不严谨，应选取真实的历史人物。当时我刚看完秋风译的《哈耶克传》，教学中便引用了一些与哈耶克相关的材料，觉得哈耶克很合适。刘老师是情思课题组核心成员，说我这节课的思路刚好契合情思课题，鼓励我写成课例，并表示写得好可以推荐发表。初稿很快完成，刘老师觉得不错，就推荐给了刚走马上任不久的市历史教研员陈洪义老师。经两位老师的反复指导，课例"深挖人物历史内涵 细促情智素养落地——以高中岳麓版必修 2'战后资本主义经济的调整'情思教学为例"发表在《中学历史教学》2017 年第 11 期。

就这样，我有幸结识了"情思历史"的开创者陈洪义老师，并成为情思课题大家庭的一员。陈老师知识渊博，学养深厚，是一位颇具书卷气的导师型学者。他待人真诚、和蔼，说话总是那么鼓舞人心，那么具有感召力，处处散发着人格魅力。"知之者不如好之者，好之者不如乐之者"，他对专业乐此不彼，精益求精，坚持不懈的追求精神让我们深深折服。作为市教研员，陈老师用课题引领教研教改，为全市的中学历史教师搭建了一个很好的成长交流平台。在陈老师的带领下，湛江市历史学科的教研教改可谓风生水起，生气勃勃。最难得的是，陈老师非常关注青年教师的成长，不少年轻老师在他的大力栽培和提携下脱颖而出，实现了专业领域的迅速提升。

于我而言，陈老师首先是知音。当我听到"情思历史"的概念时我眼前一亮，心里不由一阵激动，这不正是我一直苦苦追寻的方向吗？原来怀揣着这样理想的人不止我一个！这条路上，原来我并不孤单！我像疲惫的人找到了组织，原先的抑郁和迷茫一扫而空，瞬间感觉浑身充满了力量。陈老师更是导师，为我的努力指明了方向，让我收获了成功的喜悦。虽然我也在强调情感和思维的重要性，但在理论上却没有陈老师想得深、想得透，更不如他的开放视野和自成体系。陈老师提纲挈领，纲举目张的能力让我叹服。在陈老师的细心指点下，我的专业写作能力不断提高，在教研的道路上越走越自信。

三、成长：收获与前行

读书之余我喜欢将思考写成文字，谈不上多有文采，直抒胸臆而已。身边的人嗤之以鼻，看不懂。投稿吧，石沉大海；参赛吧，都是二三等奖的命。感动的是，陈老师很欣赏我的文字，第一篇课例发表不久，我的另一篇课例"问似看山不喜平 穿针引线育情思——以高中历史岳麓版必修三'孔子与老子'一课为例"又被陈老师推荐发表在《中学历史教学参考》2018年第2期。

随着"情思历史"升级为"情思教育"，我感觉自己成了陈老师重点培养对象，时常接到写作任务。但我并不觉得是负担，反而有一吐为快之感，因为让我写的都是我一直在思考的，正是我想说的。最妙的是，每次陈老师都是指个方向，没有任何条条框框，任由我天马行空，恣意挥洒，然后一个四两拨千斤游刃有余地帮我提炼中心思想，调整框架结构，改动文字，提升文章立意。原本平淡无奇的文字在陈老师的点化下立马显得"高大上"起来。也许这就是传说中的化腐朽为神奇的力量吧！在陈老师不断的鼓励和指导下，我俩合作的两篇理论性论文《高中历史"情思教育"的四重境界》和《情思教育四境在高中历史教学中的实践研究》分别发表在2019年《新课程评论》第9期和《教学与管理》第11期。

学校也逐渐认可了我的实力。2017年湛江市举办首届中小学青年教师教学能力大赛，科组派我参加，获市直属学校历史学科一等奖。其间，刘剑老师还将我拉进《乡土湛江》编写组，与情思团队的几位大咖一起，为湛江初中乡土教育尽绵薄之力。经广东省中小学教材审定委员会批准，该教材现已进入试用阶段。以上经历和成果帮助我顺利通过了高级职称评审，搞定了一件"终身大事"。

更快慰的是，一路走来，讲台上的我变得更加自信，教学风格更加鲜明，学生对我的历史课评价颇高，认为能学到很多课本上没有的东西。有一位学生因为户口问题转学回了老家，不久给我发短信说：曾经有一位优秀的历史老师在我面前，我却没有珍惜。老师，我多希望你能继续教我……上大学后，这位学生还经常和我联系，就学习考研等问题不时向我请教。2019 届 28 班是我第一个估计也是唯一一个带了整整三年的普通班，经过三年的磨合培养，高考成绩硕果累累。好几个学生在毕业聚餐上兴奋地告诉我历史选择题拿了满分。这些可都是普通班的孩子啊，我真心为他们感到骄傲，也为自己感到自豪。因为教学成绩突出，从未教过重点班的我，去年竟被学校安排教上善班，这充分体现了领导对我的信任和肯定。

每当我回顾自己的专业成长之路，心中便充满了对陈老师和情思团队的感激。一个人可以走得很快，一群人才能走得更远。衷心祝愿情思团队越来越强！

融情汇思，正本清源

——我的情思历史寻人之旅

湛江市二中海东中学　陈婷

张汉林老师曾说："在历史教学中，发现本应存在的'人'，是正本清源之举。"[1] 新课程强调以人的发展为教育的最高目标，提出要关怀人的解放、人的完善和人的发展。人便是历史教育的灵魂。2016 年，在成为广东省历史名师陈洪义工作室的成员后，为追寻历史教学"人"的回归，还原历史教育的本真，我在情思历史教育的探索之路上，开启了一场"寻人"之旅。

一、聚焦：解读历史的人

2016 年的我尚未褪去稚气，也未曾规划自己的专业发展，更未曾想到能够代表学校参加湛江市初中历史高效课堂比赛并获得第一名。当时的我在机会面前，感觉上是懵懂的，行动上则是全力以赴的。除了完成日常的历史教学与年级管理工作，我全身心投入到极具挑战的赛课准备中。

如何寻找切入点，如何确定主题，进行了大量阅读后，叶澜老师的一段话让我豁然开朗："我能否使学生的争论擦出思维的火花？我能否帮助他们达到内心的澄明，视界的敞亮？我能否让他们在课堂上豁然开朗、悠然心会？我能否让学生在课堂上浮想联翩、百感交集？"[2] 我意识到，历史教育的灵魂在于价值的引领，历史素养的核心在于人格的健全，而学生则是历史教育的出发点和落脚点。

学生是解读历史的人，聚焦学生，关乎教学主题的确定、教学方案的设计、教学方法的运用和教学评价的实施。我恍然大悟，以学定教，才能让历史课堂回归历史教育的本源——学生的健全成长，从而落实"立德树人"的根本任务。

思想的火花转瞬即逝，我迅速把想法落实到行动中。我分析七年级学生的具体学情，寻找七年级学生人格生长与历史情谊蕴含的契合点，把《丝绸之路》一课的主题提炼为"友谊"，并依据"友谊"创设情境，设置符合学生情智发

1　张汉林.在历史教学中发现人［J］.教育学报，2016（2）：27-33.

2　叶澜.让课堂焕发出生命力［J］.教育参考，1997（4）：11-15.

育水平的探究活动。师生在重返历史现场、合作探究的过程中，碰撞出智慧的火花，学生的思维之花得以绽放，思维能力得以提升。

聚焦学生，还得拉近历史知识和学生学习的距离，把学生感兴趣的社会时事热点糅合到历史教学中来，让相对枯燥的历史教育"目中有人"。我紧扣"友谊"，播放湛江海博会和海洋周的图片，引导学生思考湛江如何发扬古丝路精神。学生从湛江建设高铁谈到创建文明城市，从个人发展谈到外语水平提高。课堂的自然生成极大地激发了学生对家乡的热爱之情。

比赛结束后，情思历史的创始人、广东省特级教师陈洪义老师，在点评环节时指出，我的这节比赛课，十分符合情思历史的教学范式。陈老师向我们阐释，情思历史以学习主题为中心，以历史材料为依托，以教师的情境创设和问题设计为方法，以学生的情感体验和思维训练为过程，以学生的情智素养培育为目标追求，即"拨动情感的弦，放飞思维的线"。在陈老师的耐心指导下，我把这节课的教学设计按情思历史的框架整理成教学论文《图以载道 情思共生——以中图版七年级历史"丝绸之路"一课为例》，发表在《中学历史教学》2017年第3期。

陈老师的"情思历史"课堂范式，仿佛一道光照亮了我专业前行的道路。在撰写论文反思比赛的过程中，我逐渐意识到，虽然自新课改以来，新理论、新方法层出不穷，但实现历史课程育人功能的目标并非遥不可及。要使历史教育正本清源，为体验而教、为思考而教和为感动而教的情思历史教学范式，便是一个非常有效的途径。

情思历史，让我更加坚定以生为本的教学理念。聚焦解读历史的人，方能让历史教育返璞归真。

二、深挖：创造历史的人

2017年，陈洪义老师继续为年轻教师搭建成长平台。作为情思历史工作室的成员，我得到了参加全国历史学术研讨会公开课海选的机会。为打磨录像课《北方的民族交融》，陈老师邀请了华南师范大学历史文化学院的王继平教授给我作指导。

第一次试讲结束后，王教授和陈老师指出了我的问题：过于侧重师生互动的课堂氛围，导致预设的合作探究内容太多太满，教学设计的主题立意也过于冰冷生硬。专家老师的点拨引发我思考，如何使我的历史课堂从冷冰冰的教条变得灵动鲜活和更有历史韵味，除了聚焦解读历史的人，我还应深挖创造历史的人。

郭富斌老师曾说过："如果一个人从来没有感受过人性光辉的沐浴，从来没有走进一个历史人物丰富美好的精神世界……如果从来没有过一次和历史人物刻骨铭心的对话和体验，从来没有一个令他怦然心动的历史人物作为他的精神导师……那么，他就没有受到过真正的、良好的历史教育。"[1] 诚然，历史是人创造的，历史人物和我们一样，都是有血有肉有感情的。我们只有深挖创造历史的人，引导学生本着"理解之同情"和"温情与敬意"的原则，走进历史人物的内心，才能拨动学生的情感，点亮学生的心灯，直击学生的思维，从而寻回历史教育的本源——让学生汲取丰富的人文精神，获取广阔的思想空间。

为深挖历史人物，活化历史细节，我以北魏孝文帝为切入点，创设微课《凝聚胡汉民族的改革》。通过挖掘"假意南迁""改革杀子"等历史细节，我把史实植入孝文帝的痛苦或喜悦、愤怒或彷徨的情绪中，植入孝文帝的心理、意志和认知等思想演变中，植入孝文帝生活的社会环境中。孝文帝的故事，引导着学生心灵的变化、震撼、内化与升华，是学生感悟历史、完善人格的过程，也是学生移情体验、品味人生和价值判断的重要手段。

情思历史基于"情"而聚于"思"。在学生感受心灵体验的同时，我运用三则指向不同的史料营造矛盾情境，激发学生对"如何评价孝文帝改革"展开激烈辩论。在突出了孝文帝的情感经历以后，学生结合角度不同的三则史料，更能理解孝文帝改革的重要性，也更能感受孝文帝的人格魅力并学会正确评价历史人物。

深挖历史中的人，使我的历史课堂"目中有人"，使我的课堂历史味更浓，也使这节录像课获得了全国特等奖。在陈老师的指导下，我把课例撰写成论文《"课魂"引领 情思相促》，并在《中学历史教学》2018 年第 3 期发表。我经过反思，对情思历史教学范式的理解更加深入。

情思历史教学，不仅要聚焦解读历史的人，还要深挖创造历史的人，运用历史人物的生命活动再现历史情境，让学生感受历史人物的心路历程和人生追求，领悟历史人物行为蕴含的精神内涵，汲取成长的养分，从而实现历史教育的正本清源。

---

1 郭富斌.历史教学要"眼中有人"［J］.中学历史教学参考，2005（10）：9—11.

三、成长：重构历史的人

陈洪义老师指出，情思历史课堂操作流程为："主题立意—创设情境—情思互动—思想生成"。[1] 在开发情思历史课例的过程中，我需要打破教材章节与子目的束缚，重组教材的内容结构，理清课与课、子目与子目之间的内在逻辑关系，从而提炼出教学主题，在主题引领下，从情境出发，把历史知识问题化，层层推进引导学生，运用材料，分析论证，开展讨论，升华情感和理性批判。"染于苍则苍，染于黄则黄"。学生思维水平的提高，历史情感的熏陶，最关键的源头还在于教师对历史的沉淀、思考、体味与感悟。为此，践行情思历史教学范式的过程，也是重构历史的人——教师，实现专业成长的过程。

每一节情思课例的开发，每一次情思课堂的打磨，都让我意识到，情思课堂的生命在于生动，情思历史的灵魂在于思考。情思历史课堂呼唤的"独立之精神"和"自由之思想"，要求我们不能简单模仿，亦步亦趋，刻板拘泥，了无生趣；要求我们必须重拾自我，广泛阅读，思接千载，实现自我的丰盈，获取重构的能力，唤起教学生命的觉醒。在开发《三国鼎立》课例时，我阅读了注重历史细节描写和历史思辨的书籍，如《后汉书》《三国志》《读通鉴论·三国部分》《品三国》《品曹操》等。沉下心来阅读以后，回看过去关于该课的教学设计时，总感觉过于呆板生硬。于是，我决定对这节课的设计进行大刀阔斧的修改，从过去"两场战争、三国鼎立、四位人物"的设计，重构为以历史人物"曹操"为切入点，运用曹操的诗词创设情境，充分挖掘诗词的史学价值，以诗激趣、以诗入史、以诗证史，还原历史上真实的曹操，让学生在理解曹操的心路历程和人生追求的过程中，汲取智慧，感悟精神，走向自省与完善。重构历史的人，激活创造历史的人，让他与解读历史的人对话，这种"人的同鸣共振"课堂，让我学习了新的知识，获取了审美情趣。这是一种诗性的体验，更是一次愉悦的教学体悟。

重构历史的情思课堂实践，让我明白，师生是学习的共同体，学习是为了遇见更好的自己，更好的自己需要一个平台来展示，在展示中看到自己的不足要努力去提升。为此，重构是为了超越，我们要主动而为，让事件超出预期，让惊喜发生。

陈洪义老师创立的情思历史课堂，融情汇思，充满着情感的体验与思维的

---

1 陈洪义."情思历史"课堂概论［J］.中学历史教学参考，2017（3）:58-60.

火花，这既是学生需要发展的核心素养，又是教师心中永不泯灭的对历史教育的深厚热爱。重构历史的人，为了聚焦解读历史的人，而去深挖创造历史的人，牢固树立人的意识，实现历史教育的正本清源。我在这场情思历史寻人之旅中，不断思考，不断实践，不断前行。

情思助力破茧成蝶，悟道笃行孕育芳华

岭南师范学院附属中学　杨汉坤

最近在 360 doc 个人图书馆上看到一个《破茧成蝶》的小故事。蛹看着美丽的蝴蝶在花丛中飞舞，非常羡慕，就问："我能不能像你一样在阳光下自由地飞翔？"蝴蝶告诉他："第一，你必须渴望飞翔；第二，你必须有脱离你那非常安全、非常温暖的巢穴的勇气。"蛹就问蝶："这不就意味着死亡？"蝶告诉他："从蛹的生命意义上说，你已经死亡了；从蝴蝶的生命意义上说，你又获得了新生。"这是一个关于生命升华的故事，用它来意喻教师的成长，是非常合适的。教师是否立恒志成蝶，是否有勇气和有智慧打破安全、温暖却又束缚我们的茧去谋求更高层次的蜕变，直接关系到我们教书育人的品质和师生生命的质量。

回首自己 12 年的教育教学经历，真的很庆幸在情思教育的助力下实现了自己曾经梦寐以求的破茧成蝶。现将自己的成长经历进行叙述，以做进一步的自我反省，若能以飨读者就更好了。

一、迷茫处幸得情思教育点化，觅得破茧之方

2008 年 8 月，我被招聘到雷州市东里中学工作，在三面环海的偏远小镇上，对前途展望、对工作开展都是迷茫的，教材如何处理、课如何上、班主任工作如何开展等工作都是自己摸着石头过河，感觉自己被一个无形的茧困住了。庆幸的是，一年后我进入了岭南师范学院附属中学工作，在教育教学和学术研讨上，有梁哲书记、张妙龄副主任、鲁智华和王晓老师等专家学者的点拨，还可以到图书馆和报刊阅览室翻看各类图书和报刊，进行自我修炼。那时的我就好比一个长期缺乏食物，营养不良的"病人"，突然得到山珍海味，不管三七二十一，马上大吃起来：每天坚持最早一个到办公室，又是最晚一个离开，生怕学得太少或错过了学习机会。可惜那时我只知摘录他们的话和思想，并没好好消化，笔记是变厚了，但脑袋依然空空如也，陷入了"师傅多了法不灵"的尴尬局面。我还该不该向身边的良师学习？那时的我正如困在茧里拼命挣扎，以求突破的蛹。

在迷茫不知所措时，我随机推门听了陈洪义老师用情思历史教学法执教的《北魏孝文帝改革》一课：自动播放的幻灯片、优美动听的音乐《秦时明月》和风趣幽默的图文材料深深地吸引了我。当时我很激动，这不就是我苦苦探寻的、大有可为的、能引领时代潮流的教育教学方式吗！课后交流时，陈老师很大方地传授我情思课堂如何构思、课件如何做、怎样培育学生等情思教育真谛。听君一席话胜读十年书，陈老师的点化激活了我内心深处的渴望，明确了自己的前进方向。于是我从适性教学的角度重新建构了之前所学，在教学中关注学生个性和实际情况，因材施教。在 2010 年湛江市高中历史青年教师新课程教学竞赛活动中，我用情思教学法执教的《走向大一统的秦汉政治》一课获得湛江市一等奖第一名，并在 2011 年广东省中学历史优质课例展示交流评审活动中荣获高中组一等奖。我感觉自己完成了职业生涯的第一次破茧。

二、懵懂时再得情思教育指引，寻得成蝶之法

破茧就是为了成蝶，我那一颗渴望成长的心并没有因为取得些许成绩而骄傲自满。此刻的我正如破了茧却又未能飞起的蝶，对前途和工作不再迷茫，但也不够透彻，处于一种雾里看花、水中望月的懵懂状态。初尝被人认可、关注的"甜果"，我更加坚定了成为专家型教师的想法；认识到高中三年会影响学生一生后，我更加坚定了走严师路线。自己变得更加勤奋了，对己对生也更加严厉了，但实际效果差强人意，面对学生的叛逆，周围部分家长、同事的不理解，感觉自己不只身累，更是心累。

在对未来的展望和残酷的现实之间，品尝着成长的懵懂之痛，我心有不甘。我再次找到陈老师寻求人生和事业的指引。陈老师并没有直接给我答案，而是问了我三个问题："一张弓怎样用得久、射得远？""你的人生我可以做主吗？""怎样的人是幸福的？"我用了四年的时光来尝试回答这三个问题：一切学问终究都是人的学问，陈老师用弓箭隐喻自己做人和教育教学要松弛有度，合理规划人生、事业；自己的人生自己做主，同理，别人的人生主导权同样在别人手中，我们不能代替孩子喜怒哀乐的丰富人生经历，正如我们不希望别人代替我们的人生一样，教师能给予学生的最好人生贺礼是柔性的指引而非刚性的管教约束；人生的幸福不只是实现人生理想和目标，还有"渴望自由飞翔"的心以及表面辛苦但内心愉悦充实的拼搏过程；有时为理想努力过，结果却不遂人愿，未尝不是一种残缺的幸福，因为这也是你不负韶华的人生。

　　想通了这一点，我严于律己却不再约束学生，而是引导学生在课程或活动中，得到积极的人生体验，以正言、正身、正行。我也明白了情思教育并非局限于课堂，也非限制于学校，她面向社会，面向人生，面向未来，是指向人，因脑而教的活教育范式。我们过去的所见所闻皆可以成为情景设置和问题探究的情思交融场域，若是融入课堂知识体系，可以帮助学生学会学习、学会生活，成为更加优秀的自己和社会人；若是成为自己生活的习惯，则可以让人崇德瀹智，更具幸福感、责任感和使命感。在情思教育的研究过程中，我有幸在2018年"探索新时代历史教育"全国学术研讨会上和2017年广东省教学改革交流会上做了关于课题研究成果的专题报告，深受与会代表好评；参与陈洪义老师主持的省级重点课题研究，其成果荣获2018年国家级教学成果奖二等奖和2016年湛江市教学成果奖一等奖（本人在该课题组中排名第二）；数篇教学论文在《中学历史教学参考》和《中学历史教学》上发表；参与了著作《历史情思与当代意识》和《润泽心灵成长的学科教学》的编撰工作；2016年和2017年分别受邀参加湛江一中、湛江四中组织的教研教学主题活动，并做专题发言，深受好评；2018年受邀在湛江一中"教学开放日"点评历史公开课，点评体现了深厚的教研意识与科研水平，获得观课者一致好评；2016年成为学校最年轻的历史教研组组长，经常在教研组中开展课改科研活动，勉励组员争做研究型教师；2017年带领历史教研组员进行了5个市级课题立项，并分别于2018年顺利结题。在情思教育理念的指引下，我初步寻得了成蝶之法，正在努力传递情思教育正能量，让身边的人因为自己的存在而感到更加幸福。

三、开朗后精研情思教育体系，获得育才之道

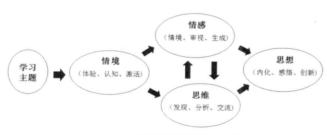

"情思历史"课堂操作一般流程

　　10年来，我不断向陈洪义老师学习探究情思教育，逐渐胜任了历史课堂教

学，培养的学生眼睛有光，心中有爱且兼具才华，得到了同事和家长的肯定和称赞。自己在教育教学的天空里像一只刚会飞的蝴蝶，能够做到一点低空自由飞翔。我喜欢这种拨云见日，豁然开朗的喜悦与充实。2019年以来，我结合专业和自身情况更加痴迷于精研细磨情思教育。情思型课堂的建构理念是：情，情境与情感；思，思想与思维。情思型课堂是指教师在课堂教学中关注学生，通过情境创设引导学生进行历史体验，在情境中感悟历史，并在历史感悟中引发与进行历史真相与历史问题的探究的一种课型。

"情思历史"教学课堂的设计与操作流程（如图1）是以人为本，基于主题、基于情境、基于问题，对高效学习的本质追求是"拨动学生情感的弦，放飞学生思维的线"，精心构建人文关怀与历史理性融合的历史课堂，体现了素质教育培养什么人、怎样培养人的本质。

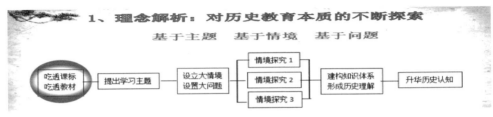

图1 "情思历史"教学课堂设计与操作流程

情思历史教学中情境与思维结合的路径研究，通过关注学生、凝练主题、巧设情境和精创问题，深入探寻了情思历史教学中情境与思维结合的根源，以及挖掘、铺设和夯实路径的理论和实践案例，是对中学历史教学的一种慎思与笃行。

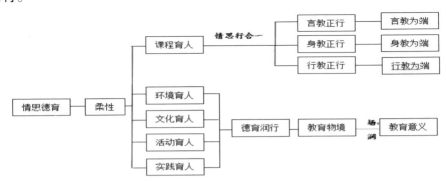

图2 情思教育德育课程实施路径图

情思教学注重适性，情思德育则注重柔性（如图2）。情思德育以人为中心，善用课程、环境、文化、活动和实践等教育资源构建德育场域，让学生在合时应景中得到言身行的教育滋润，健康成长。总的来说，情思教育思想在教学和德育中的价值追求就在于突显"人"，分别从"情感"与"思维"生成和发展来突显其教育的价值，从而有助于学科核心素养落地开花，有助于教师专业发展，有助于落实立德树人。

此刻再回想过去，我最深的感悟是：一个没有经历过破茧成蝶阵痛的生命，难于净化灵魂的纯粹，拓展生命的宽度和厚度，也就难于去温暖另一个嗷嗷待哺、渴望成长的、有灵性的生命。我很庆幸自己遇到了人生导师——陈洪义先生，感谢他帮助我破茧成蝶孕育芳华。展望未来，依然任重道远，我会把与学生的每次相遇都当成生命里最重要的赴约，会坚持用一辈子备课，争取每一堂历史课（和班会课）都能够创造生机，都可以看到学生眼睛里变化着的喜怒哀乐和领会的闪光，都能够润泽学生的生命成长。

曲径通幽，渐入佳境

——我的情思教育历程

湛江第二十一中学　叶志文

情思教育是由 2009 年陈洪义老师的情境探究模式发展而来，并定名"情思历史"，随着其意义的扩展最终定名为"情思教育"。情思教育的开展至今已有十几年的历史了，在陈洪义老师的推动下，已由湛江推广到广东，再向全国辐射，其影响力在不断扩大，其指向意义、概念也越来越丰富，越来越丰满了。随着核心素养的提出，情思教育又与核心素养实现了无缝对接。我初识情思教育是在 2015 年，一接触这个教育理念，就为其实用、精粹等内容吸引，并投入其中，践行其教育模式。回顾我的情思教育历程，可以说，经历了三个阶段：初识情思、入迷情思、入境情思。

一、初识情思

第一次接触情思历史是在 2015 年我的省课题开题报告上，陈洪义老师作为开题专家来到湛江市二十一中，交流中陈洪义老师介绍了他的情思历史。说，情思历史就是要追求"情思激荡"的课堂，在情与思之间寻找一个最佳结合点，寻找历史教育人心中理想的历史课堂。听了陈洪义一席话，我眼前一亮，情思历史来得太及时了，情境创设的路径的思考、情境创设的目的性都很好地结合在一起了，使我对历史教育有了一个新的认识，让我的历史教育的实践有了具体的理论指引。我马上开展情思历史的实践，根据我的教学经历，开始尝试在课堂上用我那五音不全的嗓子，唱与教学有关的歌曲，在歌声的情境中，激发学生的兴趣与思维。结果发现很受学生欢迎，这对激发学生学习历史的兴趣与积极性很有效。为此，我写了一篇论文《把歌声引入课堂，张开历史情思的翅膀》，并登载在《湛江教育》上。此论文引起了不小的反响，获得不少同行的肯定。从此我的情思历史实践一发而不可收拾，同时我开始思考把情思历史与乡土历史结合。乡土历史所具有的特性，可以为历史教学提供学生感兴趣的题材，激发学生对家乡的认同，使学生认识文化的多样性，激发学生保护乡土文化的责任心与使命感。这些都是乡土历史教学的特色，也是情思历史所倡导的。

利用乡土历史资源创设乡土历史的情境，使学生了解认识自己家乡的历史和文化，有助于拓展学生历史学习领域，促进学生更深入地了解国情、市情和乡情，有利于学生树立为家乡贡献自己力量的信念。开发利用广州湾历史课程资源的意义，有利于激发学生的学习兴趣、主动性，树立热爱家乡、建设家乡的意识。乡土历史与情思历史的结合，一是能使学生了解人类社会发展的基本脉络，总结历史经验教训，继承优秀的文化遗产，弘扬人文精神；二是让学生树立"知我家乡，爱我家乡"的思想。为此我的乡土历史研究有了具体的理论指导，指引我的历史教学进入一个新的阶段。

二、入迷情思

随着对情思历史的实践，我逐渐迷恋上了情思历史，从各方面对情思历史进行实践。2016年暑假，我和陈洪义老师参加了教师核心素养胜任力研讨会，听了张汉林教授的历史理解讲座。讲座中，张汉林对"什么是理解？要理解什么？如何去理解？为何要理解？"等几个问题为我们解读了中学历史教学中的"理解"的策略与意义。会后在与陈洪义老师交流心得时，我又受到启发，决定申请做把情思历史与历史理解结合的课题，因为历史理解需要理解之同情，而要做到理解之同情，情思历史可起到帮助作用。陈洪义老师倡导的情思教育，强调教学中的情与思，即在教学中通过运用历史图片、文字史料、历史视频和音乐等方式，创设历史情境，吸引学生的注意力，激发学生的学习兴趣和热情，让学生借助这些历史情境，置身其中，深入历史，从而发展学生的思维能力，培养学生丰富的历史情感。这种情思教学模式通过各种历史情境让学生去思考理解历史上发生的事件。陈洪义老师还把"拨动情感的弦，放飞思维的线，让历史学习成为引导的艺术"作为情思教学的本质追求，这在本质上也指向了历史理解为中心的历史教学的意义。在这里，历史理解与情思历史是融合在一起的，为历史理解提供了理解的平台。因为历史理解认为"理解过去，认识自我，才能完善人格"，这和情思历史追求"为理解而教，为感动而教，为体验而教，为思考而教"的本质是一致的。根据这个思路，我申请了"基于历史理解为中心的历史教学的探索与运用"课题，于2017年5月通过湛江市重点课题的申请，这是结合情思历史的一个成果。

情思历史的实践，使我不断成长；历史理解与情思历史的结合，又助力我的历史教学提升了一个新的台阶。教学中，我特别注意创设各种历史问题情境，使学生在历史学习中做到理解之同情即善意的理解，即设身处地，读懂历史处境中"人"的难处，体会历史深处中的不得已，以此激发学生的兴趣与思维。学生越来越喜欢上我的课，觉得我的课堂有味有料。我在教学领域中取得一个又一个成绩，学生的高考成绩也是非常理想。为此，我多次被评为霞山区和湛江市的高考先进个人，2017 年被广东省教育学会中学历史教学专业委员会评为广东省中学历史学科带头人；2018 年 9 月，被广东省教育厅人力资源社会保障厅、广东省总工会、广东省委教育委员会评为南粤优秀教师；2018 年 2 月《中学历史教学参考》刊登了我的论文《一寸河山一寸金——情思视角下的中国人民反侵略斗争》。这些都是在实践情思历史过程中取得的成果，是我成长的见证。

三、入境情思

情思历史实践的开展，其魅力在不断扩展，内涵在不断丰富，涉及的领域也越来越广。如有位数学老师听了陈洪义老师的讲座后，深有感触地说，结合情思历史的特征，数学课也可以上成一节"仙课"。从德育课堂角度来说，情思历史更能够深化德育课堂的功效。我把情思历史渗透到德育课堂中，在班主任工作中，结合情思教育设计了不少相关的主题班会课，其中有一个主题班会课"崇敬英雄、致敬英雄"，特别有意义。根据此班会课，2019 年 2 月，我的德育论文《基于情思教育理念下的主题班会课》在《天津教育》杂志上发表。

为进一步深入乡土历史与情思历史的结合，根据陈洪义老师对情思历史的深入挖掘，我提出了融生历史的理念和与乡土历史结合的设想，并进行思考。我结合陈洪义老师的意见，对融生历史进行界定，把情思历史与陶行之生活教育理论结合，认为融生历史把教育同学生的实际生活相联系，历史情境与学生的生活情境有机地结合，突出学生的学习生态，关注学生的学习环境，反对学生死读书。学生生于斯，长于斯的地方，处处皆教育，教学不仅仅在课堂上，更在学生的生活环境中，通过各种活动，丰富学校历史的教学内容。为实践融生历史，我在之前申报乡土历史课题的基础上，又申请了"融生历史下乡土历史教学探索与运用"课题，并被 2019 年 6 月广东省教育科学"十三五"规划课题审核通过。陈洪义老师认为："'融生'就是运用各种具有生命、生活与生态的史料再现历史情境，让学生在情境中感悟历史，并在历史感悟中引发与进行历史真相与历史问题的探究，最终达到情景体验与思维深入相互交融。"为开展课题研究，我把课堂延伸，带学生体验具体的历史情境，如开展广州湾历史文化考察、开展广州湾文化讲座、文物制作活动、历史剧表演、参观博物馆等，这些活动让学生了解了湛江的历史，激发学生学习历史的兴趣。理论研究上，我分别写了《融生历史下乡土历史教学的探索》《广州湾与海南、越南区域联系探究》文章，分别在《湛江教育》和《第二届广州湾国际学术研讨会论文集》上发表。《融生理念下的家国情怀的培养》也计划在《中学历史教学》杂志上发表。这些理论与实践活动，使我对情思教育的认识又上升了一个新的高度。由于实践情思教育，我在湛江历史教育的地位不断提升，并于今年4月被推荐参加省劳模评选，虽然没有成功，但对我来说是一个激励，说明前面依然还有很长的路要走。我愿在情思教育的路上继续前行，同时也愿情思教育的路，越走越宽。

行走在"情思"的道路上，争做有"情怀"的教师

湛江经济技术开发区第一中学　罗琳

苏霍姆林斯基曾经说过："教师上好一堂课要做毕生的准备。"从 2010 年开始跨入教师行业至今已有十一个年头，对这十一年中的每一节课，我都会精心地准备，从最初的阅读课本、教学参考到后来的搜集网络资料、查阅相关书籍寻找合适的史料等。我特想把我所知道的一切都教给学生，也特希望把我搜集到的所有重要信息点呈现给学生。可每当看到学生对自己精心设计的内容不感兴趣，每当讲过的知识学生没能掌握，每当自己讲课的时候情绪高昂，学生却无动于衷，更加感受不到作为青少年对历史学习该有的感悟和体会时，我心中的困惑就愈发强烈。我们该成为一位怎样的老师？我们应该做怎样的准备才能让学生有所收获，更能让学生不仅在知识还有能力上得到提升？

初识"情思"：一次市赛

2015 年，我代表经开区参加湛江市高效课堂高中组的比赛。在选定课题为人民版必修一的《美苏争锋》后，我便查阅各类资料、图片、视频。经过十次课件的修改和课堂的打磨，将本课设定为两个环节，第一环节是通过抢红包的活动对基础知识进行巩固；第二环节通过微博话题的形式呈现本课探究问题，并附上自行剪辑的视频。整节课下来自我感觉非常顺畅，可比赛结果出来后却不如我所愿，虽然拿到了一等奖但无缘前三名。当我非常苦恼的时候，时任湛江市历史教研员的陈洪义老师走到我身边，语重心长地对我说："你的这节课非常用心，但总觉得少了一些东西，即一节课该有的课魂。"

比赛结束后，我一直思考怎样才能让一节课深入学生的心灵而非仅仅感动备课者？怎样才能让图片、视频等教学资源发挥出应有作用，而非仅仅活跃课堂氛围？庆幸在陈老师的《重回课改现场 探寻教育智慧》这本书中找到了一丝感触："选定教学内容后，想方设法为自己的教学内容找一个恰当的最好是艺术化的载体，借助于这个载体，把你要解决的问题贯穿其中。如此，你的这节课就会由复杂变得简单，由抽象变得具体，就会变得更加形象、更深刻、更有趣。"这个载体便是情境，让学生能身临其境地感受历史。在这以后，我都尝

试去寻找能贯穿本节课的中心，营造与中心相关又能让学生产生思维碰撞的情境，引发学生问题意识的产生，进而层层突破教学内容。通过一些课例的实践和课后的学情调查，大部分学生认为这种学习方式能让他们对久远的历史更有兴趣，特别能让他们走进历史、感悟历史。很多学生表示喜欢上历史课了。但也有一小部分学生却认为虽然上课很欢乐，但是总觉得上完课后没有太多知识的收获。学生的反馈让我有些迷惑，怎样做才不是为了配合构建课魂而设置情境？怎样才能进一步深化课堂教学？怎样才能做到既有快乐的课堂，又有灵魂的构建，还有知识的收获和思维的升华？

再遇"情思"：一次省赛

2017年广东省举办了首届教师能力大赛，我非常幸运地从区赛到市赛再到代表湛江市参加省级比赛。陈洪义老师又一次对我进行专业点评和悉心指导，让我能从容不迫地应战。当得知省赛需设计一个题为"经济全球化的趋势"的教学案例，我一下就想到了通过设置情境来展现本课内容，可是又担心出现为了情境而设置情境的现象。陈老师看了我的教学设计后，便提醒我："情境的设置目的是充分发挥学生的主体作用，培养学生解决问题的能力，以问题为中心推进课堂教学，是使学生主动参与课堂、积极思考的最好方法，所以构建思维型历史课堂，更能让学生在课堂上得到充分的思维训练。"

这番话让我认识到应立足于学生的知识水平和生活实际构建主题式教学情境。所以在本课的教学设计中，我将学生耳熟能详的著名餐饮企业麦当劳的发展变化作为主题线索。麦当劳公司的发展成长过程实际上是经济全球化的缩影，而经济全球化的发展历程则作为本课的暗线。通过"麦当劳的诞生""麦当劳的发展""麦当劳的困惑""麦当劳的新态势"四大主题的构建，学生认识到跨国公司在经济全球化下的发展与担当。特别是麦当劳改名的初衷的设计，让学生进一步认识到一个企业尚是如此，作为一个有担当的国家更应积极应对经济全球化，并反思某些有世界影响力的大国的逆全球化的利己主义行为。这节课的设计在当时也得到了评委和老师们的认可。

通过本次省赛，我加深了对情思历史的感悟。特殊的日子、学生熟悉的事件、身边发生的事情都可以是我们备课的切入点，通过构建主题、创设教学情境，吸引学生的注意，让他们能乐于学习。而高中历史课堂，不能止步于"情"，更应有"思"的升华。适宜的历史情境设置，让学生产生共鸣，激发探究的欲望。通过设置合适的、有梯度的问题，逐步引导学生思考，充分肯定学生主体作用，点燃学生思考的火花，激发学生的学习兴趣和斗志，从而发展学生的思维能力。

追随"情思"：一次培训

2018年，我有幸成为广东省陈洪义高中历史名师工作室的一员，真正开启追随情思历史的征程。对我而言，情思历史不仅仅让我的教育理念有了转变，更多的是信念的转变。追逐情思历史道路上的一场场培训、一次次锻炼都对我的专业成长起了非常重要的作用，让我在情思历史课堂上能有更高的价值追求，也让我明白作为一名"情思"人该有的责任与担当。

2019年，经开区教育局举办中学语文、政史地学科青年教师教学能力大赛赛前培训，我作为教师代表在培训中分享了参赛准备和成长故事。针对我们中小学教师很害怕上公开课、写论文、申请课题的这种现象，我把自己追随情思历史的过程分享给大家，特意借用了陈老师曾在一次培训中的发言。他说："公开课需要一种创新意识，我们把教材的内容稍作改变，换一种表达换一种思维就是一种创新，用主题式的教学模式也是一种创新之道。若能在课堂中更多地关注学生的思维、学生的成长，构建情思交融的课堂，更是一种赋予课堂灵性与智慧的创新之道。若把这种创新以文字的形式进行记录，建构一个合理的框架体系，这便成了一篇论文。当我们在教学中发现有困惑的、有代表性的问题，将之有目的、有计划、有系统性地解决，这便成了一个课题。"分享结束后，许多老师表示公开课、论文、课题没有我们想象中那么难，并也开始行动起来。我想，这正是"情思"人的担当，让更多的人不畏惧教研，更关注自身的专业成长。

在追逐"情思"的道路上也会遇到低迷的时候，但陈洪义老师的那一段话会不断地提醒我，让我继续奋勇向前。他说："人加谷是一个'俗'字，人加山则是一个'仙'字。当我们处在低谷期，我们会感到很迷茫、很困惑甚至很厌倦，而所有的这些厌倦，都是因为我们停止了成长。当我们不断地往山顶上爬的时候，我们可以领略到沿路的风光；当我们爬到山顶的时候，会有一种豁然开朗的感觉。而怎样让我们从厌倦走向开朗，就需要目标的引领，更加需要毅力，需要坚持。"我希望在以后的道路上，继续做一名有"情怀"的教师，更希望能用自己的信念引导学生，当他们蜕去青春年华后，还能在这浮躁喧哗的年代，保持持续的学习力，更能用历史的眼光分析问题、看待未来。

感悟 反思 成长

——我与情思教育的故事

增城区教师发展中心　陈萍

"何为教育，怎样的教育才是有利于学生终身发展的教育？"这是从教以来萦绕我心中的困惑。德国哲学家雅思贝尔斯说："教育就是一棵树摇动另一棵树，一朵云推动另一朵云，一个灵魂召唤另一个灵魂。"那么我们怎样充当那棵树、那朵云和那个灵魂呢？直到结缘情思教育，让我进一步地认识到，教育不仅仅是传道受业解惑，还应该是有温度有感情的，能触动学生灵魂深处的，它不仅注重学生思维的培养，还应该有情感的生成。

一、结缘情思教育，感悟历史教育的真谛

2018年1月，情思教育创始人陈洪义老师作为特殊人才引入来到了增城，将情思教育的种子播撒到增城这片沃土上，在这里生根发芽、开花结果。

还记得第一次教研活动上，陈老师做了题为"美丽转身：统编教材的历史教学追求与设计"的讲座。他首先从"想"到"行"两个字看教学转身的关键，并结合理论与案例与我们分享了他的观点：从教材定义看教材统编的重要性；从部编特点看教学转身的方向性；从六个方面看教学转身操作艺术；从四个案例看教学转身实践效果。为了让我们有更直接的情感体验，陈老师给大家播放了视频《珍惜好生活》。随着音乐和图片的展播，我的眼眶湿润了，情绪难以平复。在这样的情境中，学生的情绪哪能不被调动，产生共鸣？陈老师给了我们一次情思教育的切身体验。这次讲座让我多年来对历史教育的定位与意义有了更新、更深刻的认识。

历史学科具有人文性与综合性的特点，我们除了教授学生基本史实和解题方法外，还应该教会学生些什么？什么才是历史教育的价值与追求呢？叶小兵教授曾说过："历史教师不能只当教书匠，只是在教学生历史知识、让学生单纯记诵历史知识，而要把立德树人根本任务放在首位。……除了如何向学生传授历史知识，更要考虑我们教学生历史知识到底是为了什么，要取得什么样的功效，这就涉及对历史教学价值的思考。"情思历史从历史学科的本质出发，在

课堂教学中，教师通过有效的启情引思，引导学生的课堂学习实现"入乎其内""沉乎其中""得乎其里""出乎其外"，即情思历史追求的教学四境：入境、融境、悟境、出境。它既重认知，又重情意，采取"以情促思""以思促情"，激发情感，情思相互推动，实现情与思的有机交融、和谐共进，使学生实现情感层面上的"乐学"和理性层面上的"会学"，从而收到情与思相得益彰的效果。这些理论让我感悟了历史教育的真谛，既重视学生思维的生成，也应注重学生情感的培育，最终实现立德树人的目标。

二、走进情思教育，创新历史教学的理念

在一次统编教材的培训活动中，陈老师分享了"用正确的方法教正确的历史"的观点。他引用叶小兵教授的一句话："一个好的历史教师，一定是善于讲述历史的教师，也一定是善于提出历史问题的教师。一堂好的历史课，一定是有充实的教学内容和活跃的教学气氛，也一定是有教师与学生之间在思想上、情感上和话语上的亲密交流。"历史教育不仅要注重学生思维的培养，还应注意情感的培育。如何才能实现情感和思维的共同发展呢？郭富斌老师说过："什么是良好的历史教育？也许我们很难给它一个周全的描述，但我们可以肯定地说：如果一个人从来没有感受过人性光辉的沐浴，从来没有走进过一个历史人物丰富而美好的精神世界；如果从来没有读过一本令他激动不已、百读不厌的人物传记；如果从来没有过一次和历史人物刻骨铭心的对话和体验，从来没有一个令他怦然心动的历史人物作为他的精神导师……那么他就没有受过真正的、良好的历史教育。"情思教育实现了从宏观上，把握历史叙述的共性主轴；微观上，演绎历史细节的生态多样。它更新了我的教学理念，赋予了历史教育更重要的使命——价值引领。反思自己的教学经历，致力于改变普遍存在的缺情少趣的现象，我们该如何对学生进行更好的价值引领呢？一个个问题叩问心扉。在与陈老师的多次交流后，在情思教育的理论指导下，我立足学情，结合教材内容的特点、学科的独特性及学生学科素养发展的要求，开始了初中历史情趣课堂的建构研究与实践。

在情思教育的基础上，通过不断实践和完善，陈老师引领着初中历史情趣组将理论提升到了新的高度。"情"即情思，包括情感和思维，强调历史课堂要从初中生心理发展特点出发，让历史课堂有情感温度，不乏味，也有适当的思维的宽度；"趣"即趣味，强调历史课堂的兴趣激发与历史课程学习的情思发

展的支点无缝对接，真正让课堂的兴奋点带给学生深度的历史情感和深刻思维体验。它是有效实现课标、教材有机融合的途径，有利于落实学科核心素养，实现立德树人的最终目标。

情趣历史的理论形成后，我和团队成员从微课资源、本土资源、全科阅读、游戏教学四个方面开展研究，乐此不疲。将本土资源有机融入初中历史教学中，既能有效改变历史课程结构内容单一的现状，又能够为历史教学提供众多教学素材，提升学生的具体的情感体验，使学生切实地探索历史、感悟历史，逐步形成关注国家命运的情怀，落实历史学科核心素养的培养。将游戏注入到教学环节中，打破教材原有的枯燥结构，创设一种真实的场景，让学习者参与其中，获得成就感，从而激发学习兴趣。全科阅读能帮助学生饱满历史的细节，感知历史人物精神，还原历史真实，使历史更有人性的温度；也唯有广泛阅读各种材料、参与多样的历史实践活动，拓展自己的历史视野，才能"像史学家一样阅读"，批判性地阅读史料，有助于培养历史思维，提升学科核心素养，用历史的眼光分析现实问题……

在陈老师的引导下，通过实践，我将情趣课堂的操作概括为以下几个主要环节：创趣境—引趣思—探趣疑—生趣悟。在这个过程中，以趣为境，以趣为线，"情思"与"趣"和谐统一，有效实现课标、教材有机融合，有利于落实学科核心素养。它追求有温度且有深度的课堂，对学生进行正确的价值引领，让学生与历史相遇、相知、相识、相恋、相伴，谈一场益智怡情的课堂恋爱。

三、融入情思教育，实现个人的专业成长

融入情思教育团队，与团队携手共进、共同成长，我实现了个人的专业成长。情思教育团队的掌舵人陈洪义老师不仅给团队成员理论指导，还给我们提供了很多成长的平台。

生活和工作中，每当遇到挫折或疲累的时候，我就会想起陈老师在教研活动时给我们讲的那个关于价值的故事。同是两根竹子，一根做成了笛子，一根做成了晾衣杆。晾衣杆不服气地问笛子："我们都是同一片子上的竹子，凭什么我天天日晒雨淋，不值一文，而你却价值千金呢？"笛子说："因为你只挨过了一刀，而我却经历了千刀万剐，精雕细琢。"晾衣杆听后沉默了。人生亦是如此。经得起打磨，耐得住寂寞，扛得起责任，肩负起使命，人生才会有价值！看见别人辉煌的时候，不要妒忌，因为别人付出的比你多！ 这也是情思教育的

精神，在挫折中不断历练，最终实现华丽蜕变。

在不懈努力下，我的课例"外交事业的发展"在全国年会课例征集活动中获一等奖，在首届广州市青年教师技能大赛中获得了初中历史组一等奖第一名，并在决赛中获得广东省三等奖。数篇教学论文在《中学历史教学参考》和《广东教育》上发表；参与了《历史情思与当代意识》《乡土湛江》的编撰工作，并主编了《初中历史情趣课堂的建构与实践》。除此之外，我分别受邀参加全国年会、广州市和江门市的主题教研教学活动，并做专题发言，得到了一致的好评。这几年来，我带领团队进行课题研究，参与了省、市、区级历史教研组4个课题的研究，其中"基于微课资源的初中生史料实证素养的培养策略"获得了优秀结题，"初中历史情趣课堂的建构与实践"已纳入了区历史教研体系，继续发光发热。

情思教育是一个温暖团结的大家庭，以写作与实践作为翅膀，以理念和思考作为动力，厚积薄发，最终鹰击长空，实现鹰式般的教育人生。

做眼中有人的历史教育人

——我和情思历史的故事

湛江市第四中学　王晓焕

一、情思之始

听闻"情思历史"始于 2017 年，当时只是知道这是原湛江市历史教研室陈洪义老师的专项研究，对于什么是情思历史，我并不知晓，也无从谈起它与历史学科的联系，更没想到接下来我会与它产生化学反应，在它的催化作用下，我获得了宝贵的经历。

2017 年 9 月，应广东省教育厅的要求，各市县纷纷举行广东省首届中小学青年教师教学技能大赛。湛江市教育局接到通知后，积极组织，归属于霞山区教育局的我被推荐，代表霞山区参加湛江市的初中历史学科教师教学技能大赛。在不懈努力之下，我一路过关斩将，最终杀出重围，获得了初中历史学科教学技能大赛一等奖，并代表湛江市初中历史学科参加省赛。我心情激动的同时，更多的是茫然，因为这次省赛是首届，且对教师的技能考核是十分全面与严格的，能够走到最后的教师确实都是佼佼者。我不知道自己该怎么做，不知道自己能做成什么样子，能走多远。就在这个时候，陈洪义老师迅速组队，将湛江市历史届的大咖全部召集起来，出谋划策，结合我自身的教学风格和专业理论掌握程度，将比赛每个环节的策略信息传递给我，让我悬着的心得以安定下来，尤其是比赛的最后一个环节：上课。也正是这一比赛环节，让我真正了解了什么是情思历史。我与情思历史的故事开始了。

广东省教育厅早在决赛前 15 天就将要上的课题告知参赛老师，我抽到的是八年级上册"洋务运动"这一课。对这一课的内容，我还是比较熟悉的，也听过很多老师上的这节课的示范课，基本都大同小异，属于常规的示范课。我深知要想在这样的大赛中崭露头角，必须要有真功夫，否则一定会卷铺盖回湛江了。我反复思考之后，把我的想法告诉了我的智囊团，但很快得到了否定的答案。他们觉得我的思路是传统的教学，没有任何创新，更没有发挥历史学科的人文教育功能，也没能体现初中学生的学情特点。也就是在这个时候，我开始认识"情思历史"，陈洪义老师将情思历史带入了我的教学生涯中。他先让我学习关于情思历史的专著《情思历史的教学概论》，在这本专著中，还有一些案例可以给我参考。

　　情思历史是一种基于情境的"情思交融、情思相促"的历史课堂，注重情感与情境、思维与思想的有机结合。其教学的意义在于通过合理搭建课堂学习的"脚手架"，唤醒学生在课堂中主动学习的意识，激活学生的思维状态，促进学生在课堂中深度学习，形成学生的历史智慧。我徜徉于情思历史的理念中，从诸多课例中去学习去体会，这不就是我们历史该有的样子吗？历史课主要是通过向学生讲述历史事件、历史人物、著名的战役、盛世与治世、条款与协定、历史上的国家兴衰等等，培养学生用历史的眼光看问题的方法与能力，是从小学到初中直到高中大学都要学的一门重要课程。历史教师通过历史课堂教学对学生进行人文素养的教育、引导、培养，不仅要教会学生掌握丰富的历史知识，使学生成为有良知、有智慧、有修养、有内涵的人，而且通过丰富的人文知识的学习和转化，加强课堂教学过程中对学生综合素质的培养，使学生学会如何做人，如何成为对社会发展有用的人。而情思历史的教学理念很显然能够发挥历史学科的社会价值、人文价值，且在实际的课程设计中，充分体现创新意识。在情思历史的指导下，我尝试运用这一理念去设计我的比赛课例。

二、情思之行

　　情思历史课堂的操作起点是课堂学习主题的确立，借助社会生活或历史案例设计历史问题，激发学生的历史兴趣和解决历史疑问的意识。它在课堂教学中统摄整个历史学习内容和过程，影响一节课的品味与价值，是教师课堂教学的"灵魂"所在。而它的确立是基于对学习内容，并教学任务和学习者特征的准确分析。我根据"洋务运动"一课的课程目标、学习内容、结合八年级的学情，将本课的主题确立为"种豆：得豆？得瓜？得豆＋瓜？"。史学界对洋务运动的评价存在不同的观点，洋务运动是由地主阶级领导的，阶级属性就决定了这次运动是清政府为挽救自身统治危机和民族危机所进行的一次重大改革，从而维护清朝的统治，但在客观上刺激了中国资本主义的发展、一定程度上抵制了外国资本主义的经济输入，但没有使中国走上富强之路。且历史认识应该是多角度、多层次的，不能对学生的认知进行一刀切，或者带有片面性地去看待，允许学生通过学习有不同的观点和见解。这样的学习主题一经抛出，会激发学生浓厚的学习兴趣，让学生迅速投入到本节课的研究性学习中。

教学主题确定后，要通过相应的学习情景设计、学习资源设计、合作学习设计和管理帮助设计，创造条件帮助和促进学生课堂的学习，实现历史教学手段的多元化，促进历史教学的高效性。我将主题分解成"为什么种豆？""谁种豆？种了哪些豆？""种豆：得豆？得瓜？得豆＋瓜？"这三个问题开展教学，每一个教学环节的展开都有相应的学习情境来支撑，如小组讨论材料分析、历史小话剧等等，通过这些学习手段，锻炼学生的交流表达能力，培养其展现自我的勇气和信心，提高学生发现问题和解决问题的能力，以丰富的史料为情境创设的基本素材，让学生依据历史材料进行理性客观的分析，提高学生的史料实证意识，培养学生历史思维的严密性、系统性、深刻性、灵活性、变通性。

情思历史课堂的核心是从"情思相促"到"思想生成"，基于课堂情境的生动性与深刻性，让学生在情境体验中审视历史，思考现实，在审视与思考过程中强化问题意识和丰富历史情感，在课堂上有效拨动"情感的弦"，使思维训练与情感培育有效地融合、共进，从而建构情思交融的灵动的历史课堂。在本节课的最后，我利用"你认为'中国创造'与洋务运动时期的'中国借造'之间有什么区别吗？作为一名中学生你对此有何感悟呢？"这样的问题激发学生的民族感、道德感。借助富有感染力的历史问题，让学生在深刻的思考中酝酿历史情感，将课堂育人功能最大化，使学生获得健康向上的学科素养。

这节课的整体设计以情思历史为教学理念，在这个过程中，我渐渐地知道了什么是情思历史，我该如何去真正地发挥历史学科的育人作用。以前只是知道就历史教历史，单纯地认为这是讲述过去的东西，让学生去了解过去的学科，没有想过历史可以带给我们什么，停留在为了历史教历史，直到这次的经历，真正地改变了我对自己所从教的历史学科的认识。每个人都是历史中的人，我们就是历史的创造者，深入其中应该有所感有所思，过去的、现在的，都将化作雨滴滋养我们的精神，升华我们的精神，完善我们的人格。情思历史恰恰让我看到了历史可以这样讲，让我看到了历史学科的真正价值所在。这节课上下来后，获得了省最高分。前面的分数我排在了第6位，加上这个分数，最后我的总分居然排在了全省初中历史老师的第二名。我从来没想过自己可以走到决赛，从来没想过自己可以在决赛中获得这样的名次，可以说是情思历史成就了我。它带给我的不仅仅是这次比赛的好成绩，更重要的是的让我知道了我该如何做好历史老师，如何教好历史。历史是活的，课堂是活的，历史老师是历史的传递者，我暗自下决心，我要做一个真正的历史老师。

比赛结束了，赞扬会慢慢地过去，但情思历史不会过去。在陈洪义老师的不断实践中，它越来越完善，不仅存在于历史学科中，也在其他的学科中不断地渗透，甚至在教育这一块都在发挥着重要的作用。每天我都会看到很多情思的践行者的优秀成果，这是我快速成长所要汲取的养分。在这样的情思人的奋斗中，我也努力地跟上大家的脚步，有幸成为情思人，去践行我的情思课堂。

三、情思之思

三年来，无论是赛课、示范课、公开课、指导课，还是我的常规课，我都努力地跟着陈洪义老师去实践情思，力求将情思与历史完美地融合，通过教学手段的多元化，有效地引导学生解决历史问题，把教材作为辅助载体，学会"用教材教"。历史学科本身就蕴含丰富的思想因子，挖掘思想主题，赋予历史教学立题立意的使命，有效地帮助学生强化思想意识、完善人格，这也是情思之魂，是情思历史的起点与终点的和谐统一的体现。我会继续发展情思历史教育，促进学生核心素养的发展，去实现历史教学的价值，让教育实现质的回归。

情思教育是撬动我进步的支点

——我与情思教育的故事

增城区荔城街大鹏中学　张丽霞

牛顿说："给我一个支点，我将撬动地球。"而从教 16 年的我一直在寻找，寻找一个可以改变我教育教学生涯的一个支点，让我摘取白莲一朵。

一、相遇

2019 年 11 月，我迎来了一个我的教育、教学转变的支点——情思德育。一次偶然的机会，听到情思德育组组长钟秋容提起情思德育、情思学习氛围以及加入情思德育后的成长，让渴望进步的我对加入情思教育的大家庭产生了期盼。后来，我写好个人简历，经组长钟秋容引荐和广东省特级教师、情思教育联盟主持人陈洪义老师准批，成功地加入了情思教育团队。从此，我便与情思教育结下了缘。

二、相识

与情思教育的相识，开始于每月一次的圆桌教研。在我看来，每月的教研，弥足珍贵，我非常地珍惜。因为每一次教研，陈洪义老师都对小伙伴们知无不言、循循善诱、倾囊相助。而德育联盟的学习氛围是我见过的最积极、活泼的，这得益于陈老师的指导与钟秋容组长的引导。组长钟秋容老师善于引导大家提出自己教学中遇到的难题，让大家针对问题讨论、集思广益，最后由陈老师指导总结。每次圆桌会议都会给我带来不同的惊喜，也让我感叹情思教育方法的新颖与有效。

记得 2019 年 10 月 27 日第一次参加圆桌教研，我是带着因少数几个学生拖拉而工作效率不高的困惑参加的。刚好，有小伙伴也提出了如何对待待进生的问题。大家各抒己见，集思广益，而陈老师给出的秘方是：暂不关注这几个学生，先关注优生，突出优生的示范、引领作用，让他们带动全班一起努力。当时，我并不知道这是情思德育路径之一：身教正行，但默默为陈老师的方法点赞。回去后，我采用情思德育的这种身教方法，果然，班里令人满意的方面越来越多，好的方面层出不穷，后来，连待进生也慢慢地加入改正的行列，班风也越来越好。在下个月的文明班评比、黑板报评比及班级文化评比中，我班都荣获了一等奖。

后来几次的圆桌会议，分别就如何建立班级文化、如何纠正学生乱扔垃圾、如何提升待进生的成绩等问题深入充分讨论，陈老师总认真倾听，手把手地给予方法上的指导：或者让我们关注优生，通过优生的身教引导集体正行；或者通过手把手地指导，直至把一件事做到极致来转变待进生；或者利用日常琐事、生活中的元素组织班会去解决班级问题。圆桌教研中，陈老师的"一花一世界，一树一菩提"的教育方法拓展了我们的工作思路，让我们懂得德育工作既是一门科学，也是一门艺术。

除了对教育教学上的引领，陈老师还对大家的写作进行指导。11月15日，陈老师在增城中学（高中部）为我们做了一场精彩的写作讲座。讲座上，陈老师阐述了四种教师常见的写作方法并分别以实例说明，让我们如步入写作的桃花源，在难点、重点处，初极狭，而陈老师如同庖丁解牛，寥寥数语就将四种论文写作方法跃然于纸，清晰明了，让我们豁然开朗，有种跃跃欲试的感觉。那时，我们几个小伙伴顿时产生了一种仰望星空、脚踏实地的感受。

12月17日，听了陈老师在荔城二中的关于情思行合一的三径正行的德育讲座，我发现了情思德育的科学性与艺术性。陈老师基于同理认同提出了言教正行，基于镜像原理提出了身教正行，基于胜利者效应提出了行教正行，并在阐明每个路径后都通过一个事例加以说明。会后，我将这个讲座的内容加以整理，并写成了第一篇情思德育的论文《简谈情思德育的境与径》。写的过程中，我加深了对情思德育的认识，对自己15年的班主任德育工作做了全面的剖析与梳理，并对今后德育工作有了清晰方向。

三、相知

继《简谈情思德育的境与径》后，陈老师给我提供写作框架，让我写了第二篇论文《因脑而教：三重脑理论视野下的情思教育探讨》、第三篇论文《因脑而教：德育境悟为特征的情思行合一正行路径探析》，经陈老师修改、润饰后，先后发表于国家期刊《现代中小学教育》上。尝到几次成功的喜悦后，我愈发地喜欢上了写作。

今年2月，我有幸拜读了陈老师《重回课改现场 探寻教育智慧——基于课堂的情境探究式历史教学探索》一书，仿佛亲历了情思理论的起源、发展过程以及整个研究过程，了解了课题研究的基本路径与方法，并产生了对教育的激情和研究的热情。

随着对情思教育理论理解的逐步深入、运用与实践，我写的案例、论文也越来越多地发表于省级以上刊物上。2020年春节期间，我对自己的教育、教学进行反思、总结、梳理，先后写了四篇案例文章和一篇情思家书。其中，情思家书《情思书：为什么我眼中常含着泪水……》先后被《湛江凤凰日报》《增城日报》刊登；案例文章《言教："远看山有色，近听水无声"》《身教："近墨者黑，近朱者赤"》《简谈德育的原则》被《情思教育：情思润课程架起德育美丽》采稿。

现在回过头看，陈老师是情思理论的提出者，更是情思理论的践行者。我从害怕写文章到喜欢上写文章，完全得益于陈老师手把手的指导，这其实是情思德育的精髓之一——情思行合一的行教正行。我的成长见证了情思德育理论的魅力所在，它有别于一般理论，可操作性强、见效快。

四、相长

2020年4月，很荣幸得到陈老师的《情思的教学理论与方法》一书，我如饥似渴地逐章拜读，理解了情思教育理论有魅力的原因：情思教育理论是基于脑科学、教育学、心理学理论、构建主义等提出的，实质是因脑而教，提倡适性教学与柔性德育，目的是实现育人与育分同行；学科方面有深度学习理论，基本教学模式是入境—融境—悟境—出境；而德育方面有三元场景理论，提倡情思行合一正行，即言教正行、身教正行、行教正行。

在情思理论和陈老师的指导下，我的教育教学业绩突出，本学期被学校任命为备课组组长。在备课组集体努力下，本学期期中成绩与上学期期末相比，5个班（共6班）都有不同程度的进步。其中，我班进步了5.8分，得到家长与同事的认可。

从进入情思团队到现在，半年多的时间，我在陈老师的手把手的教导下，在小伙伴们的帮助下，日渐成长，撰写的教育、教学论文十多篇，其中发表在省级期刊9篇，国家级刊物2篇。2020年参加区级课题研究一项，此外还参与广东省十三五科学规划课题"情思深度学习视野下项目式学习学科教学设计路径研究——以初中历史和英语为例"研究。

情思教育是撬动我进步的支点，它犹如一束光，一直指引着我前行、伴随着我成长。感恩遇见情思教育，感恩遇见名师兼恩师，感恩遇见相亲相爱的情思小伙伴们。今后，我定会且行且珍惜，在情思教育的指引下，坚持走下去，按照情思理论指引的方向，实现育人与育分同步而行。

问余何意栖碧山，笑而不答心自闲

——在教研的乐趣中成长

湛江市第二中学　刘剑

1922 年 8 月 6 日，国学大师梁启超在南京东南大学为暑期学校学员讲演，题目为"学问之趣味"，他说："学问的趣味，是怎么一回事呢？这句话我不能回答。凡趣味总要自己领略，自己未曾领略得到时，旁人没有法子告诉你。佛典说的：'如人饮水，冷暖自知。'"[1] 的确，任何事情，唯有自己亲身经历过，才能体会个中滋味。

《吕氏春秋·诬徒》载："达师之教也，使弟子安焉、乐焉、休焉、游焉、肃焉、严焉。此六者得于学，则邪辟之道塞矣，理义之术胜矣。"[2] "达师"即是我追求的目标，做到教学的从容不迫，让学生以学习为享受。如何成为"达师"？我想，答案肯定是教学研究，唯有通过教研提升专业素养，才能成为"达师"。我真正走上中学教学研究之路，始于 2007 年。那一年，小文《高中课标教材选修 I 教师教学用书拾疑》发表于《中学历史教学》第 4-5 期合刊。看着自己的文字第一次变成铅字，内心的快乐难以言表。从此，以笔耕为乐，每年发表至少一篇教研论文，至今已在《历史教学》（上半月刊）、《中学历史教学参考》《中学历史教学》等刊物发表 20 余篇。

对我而言，教研是一条充满乐趣之路。从教 20 余年，行走其中，我不断收获着沿途的美丽风景，促进了自身的专业发展。现在回首，我的专业成长应以 2015 年为界，分为两个阶段。

在第一阶段，我的教研兴趣集中在史料教学、质疑教材和高考试题研究方面，取得了一定的成绩。其一，在史料教学方面，我注重新材料的使用，以营造新情境。例如，从新课程改革力图打破学科封闭性的趋势出发，在教学中尝试引入英文材料。经过一段时间实践，我对此进行了总结反思，写成了《浅谈高中新课改历史教学中英文材料的运用》一文，提出了课堂教学引入英文材料（专有名词、国外漫画和英文论著、文章等片断）的方法及难易、适量两个

1　邓九平.中国文化名人谈治学（上册）[M].北京：大众文艺出版社，2000：18.

2　许维遹.吕氏春秋集释上册[M].北京：中华书局，2009：96.

原则，此文后被人大复印资料《中学历史、地理教与学》2010 年第 11 期全文转载。其二，在质疑教材方面，我认为不能以教材为权威，教材所引用的一些材料存在问题。例如，人教版必修二教材中有一张"石犁"图片，上面有四个孔，我不明白其用途，翻阅教材和教师用书，均无说明。这激起了我的好奇心，查阅陈文华的《中国农业考古图录》，里面有一个石犁与教材的石犁外形十分相似，但是只有三个孔。这下问题出来了，到底哪个石犁才是正确的呢？因为陈书没有对此犁的具体描述，所以不能断然否定人教版教材石犁就不正确。我不断查找有关考古方面的资料，终于在《上海考古精萃》一书中有了收获。该书比较详细地介绍了此石犁，明确指出："凸底石犁，……犁身钻有一大二小三孔……"[1] 毋庸置疑，人教版教材中的石犁是错误的。之后，我将此写入《中国古代农业教学札记》，发表于《中学历史教学》2016 年第 10 期。其三，在高考试题研究方面，我喜欢琢磨高考原题，寻找命题的思路。例如，随着新课程改革的实施，出现了一些利用文字作为材料的选择题：甲骨文"田"字（2007 年广东单科历史卷第 1 题）、与"贝"字相关的甲骨文（2007 年海南单科历史卷第 1 题）、"阴"字（2008 年全国文综Ⅰ第 12 题）及"阳"字（2008 年全国文综Ⅱ第 12 题）等。在这些文字试题中，我认为尤应注意古文字试题，因为古文字是打开当时社会状况的金钥匙，阐释古文字可以打破政治、经济、文化模块间的界限，无疑给高考命题提供了一个很好的方向，于是写了《略论古文字试题的几个问题》（发表于《中学历史教学》2008 年第 11 期），提出这类试题在今后的高考中应有其一席之地。正如我所言，此后类似试题在高考中屡见，如 2009 年辽宁和宁夏文综第 24 题的"年"、2012 年福建文综第 13 题的"典"、2013 年江苏单科第 2 题的甲骨刻符、2014 年广东文综第 12 题的"宗"、2015 年福建文综第 13 题的"历""史"、2016 年全国文综Ⅱ第 24 题的"三体石经"、2017 年全国文综Ⅲ第 24 题的"车、马"。

在这期间，最让自己感到"冷暖自知"的是命制高考模拟试题。这是一件复杂而艰辛之事，时间短要求高，说起来容易，做起来难，并且经常受到他人的批评，有些批评有理有据，有些批评却是无理取闹。2015 年，在命制湛江市二模试题时，我原创了下面这道题：

有人对书法字体的特色分别做了如下评述，其中对秦朝标准字体的评述是

---

1 上海文物管理委员会. 上海考古精萃 [M]. 上海：上海人民美术出版社，2006：101.

（　　　）

A．"状如龙蛇，钩连不断"　　　　B．"笔画圆弧，富有奇趣"

C．"结体扁平，方劲古拙"　　　　D．"不真不草，流动奔放"

当市二模开考后，有人认为此题毫无价值，理由是：纵观近五年广东高考命题规律，没有涉及书法字体部分的选择题。我认为广东高考就没有这种无所谓的"规律"。果不其然，当年广东高考就出了这么一题（第12题）：

有古代学者论述某字体的形成时说："（官员）奏事繁多，篆字难成，即令隶人（即胥吏）佐书。"据此推断，该字体是（　　　）

A．小篆　　　　B．隶书　　　　C．行书　　　　D．草书

虽然市二模试题考查的是小篆，高考试题考查的是隶书，但是二者的选项内容是一致的，只不过市二模试题表述的是字体特点，高考题表述的是字体名称。如果老师在讲评市二模试题时能够把四种字体的特点及字体演变过程讲清楚，高考试题得分必是十拿九稳。因此，命题需要对自己有信心，而这种信心来自对高考原题的深入研究。

2015年与情思历史的不期而遇，无疑是教研之路的一个重大拐点，让我对教育教学工作有了更深刻的认识，正所谓"忽如一夜春风来，千树万树梨花开"。

首先，深化了我对课堂教学的认识。情思历史追求"情思激荡、情思交融"，是一种基于主题、基于情境、基于问题的教学模式。如何才能做到"以情促思，以思引情"呢？我在教学中进行了摸索，深化了对课堂教学的认识。一是发现情思历史课堂教学的史料选择大有讲究，须符合新异性、认知性和启示性三大原则；二是感觉教师在营造情境时需要对所营造的课堂情境了然于胸，方能带领学生进入情境之中，让学生置身其中有所感悟，这要求教师在课前要对教材进行深加工，精心设计教学。此外，历史是复杂的，立场不一，观点也不一。教师在营造情境时，让学生身临其境，需要立体式、全方位、多角度展示材料，从中开拓学生的思维，启发其思考。在一番思考后，我写了《略论高中历史情思教学的几个问题》，发表于《广东教育》（综合版）2017年第1期。

其次，强化了我对学生主体地位的认识。在情思历史课堂中，学生是教学的主体，是解读历史的人。情思历史在教学中，"强调教师在教学各个环节充分搭建'脚手架'，……创造条件，给学生提供更丰富的历史体验和思维探究

的机会，促进学生核心素养的发展"。[1] 因此，我在设计岳麓版高中必修一《夏商制度和西周封建》一课时，依据课程标准的要求，以中国早期政治制度特点作为落脚点，将承载宗族血缘关系的姓氏作为契合点。从姓氏角度切入，学生没有丝毫违和感。根据班上陈姓学生较多的情况，同时陈姓又跟胡、姚、王、袁、孙、田、陆、车等姓同源，这样可以吸引更多学生的目光，所以确定"寻根：陈姓的由来"作为本课主题。以"寻根：陈姓的由来"贯穿其中，重新整合教材，将此课划分为三个子目："有虞氏——陈姓的血缘先祖""陈国——舜的后裔所建之国""以国为姓——陈姓的由来"。在具体的教学过程中，以陈姓公认的先祖——舜导入此课，然后出示有虞氏的相关材料，让学生理解夏商时期的政治制度；再以陈国的建立及兴亡，理解西周的分封制与宗法制，探讨分封制、宗法制与礼乐制度之间的关系；最后通过梳理本课的主要内容，归纳出中国早期政治制度的特点，在此基础上，就如何认识传统文化在当今社会的价值进行思维拓展。这节课是比较成功的案例，为此与"情思历史"首倡人——广东省特级教师陈洪义合作撰写了《课堂造境："情思历史"的脚手架——以岳麓版"夏商制度和西周封建"一课为例》，发表于《历史教学》（上半月刊）2017 年第 6 期。

再次，加快了自身专业发展的步伐。作家王小波曾说："保存在文化遗产里的智慧让人尊敬，而活人头脑里的智慧更让人抱有无限的期望。"[2] 教师的专业发展，离不开理论的指导，更需要专家的引领。情思历史团队是个优秀的团队，成员个个身手不凡，都是良师益友。2016 年，我参加了广东省高中历史骨干教师培训，来到"广东省陈洪义教师工作室"跟岗学习 13 天。在这期间，我拜读了陈洪义老师的著作《重回课改现场，探寻教育智慧——基于课堂的情景探究式历史教学探索》和《梦想与坚持——做一个有信念的教师》，进一步理解了情思历史的基本内涵、理论基础、研究意义和实施策略；聆听了 12 场专题讲座，有幸认识了岭南师范学院的周仕德教授、王林发教授、景东升教授、徐洁博士等专家学者。他们的人生经历、知识学养，一方面让我了解了先进的教育教学理念、现代教育观、教师观和学生观，为以后的课堂教学指明了一条新的阳光大道；另一方面认识到"最是书香能致远"，只有多读书、多思考、多

1　陈洪义.《情思历史》教学概论 [M]. 长春：东北师范大学出版社，2017：63.

2　王小波. 我的精神家园·王小波杂文自选集 [M]. 北京：文化艺术出版社，1997：39.

反思，强化科研意识，提高科研能力，做好职业生涯规划，持之以恒，走出职业倦怠，才能真正提高教学能力。与情思历史团队的零距离接触，极大地促进了我的专业成长，成为我不断前行的推动力。2017 年，我参与了陈洪义老师主持的广东省教育科研"十三五"规划 2017 年度研究教育科研重点课题——"中学'情思历史'教学的建构与实践"，作为核心成员，为其课题成果"中学'情思历史'教学的建构与实践"荣获 2017 年广东省教育教学成果（基础教育类）特等奖做出了贡献。我申报的课题"微课在高中历史教学中的运用"也被广东省教育科学规划领导小组批准为广东省教育科研"十三五"规划 2017 年度研究教育科研一般项目。

教研是修行，诚如《吕氏春秋·观世》所云："譬之若登山，登山者，处已高矣，左右视，尚巍巍焉山在其上。"[1] 在这条漫漫长路上下求索，端正心态，与志趣相投者同行，实乃人生的一大乐趣。

1　许维遹.吕氏春秋集释下册 [M].北京：中华书局，2009：400.

第四章
DI SI ZHANG

我看"情思教育"

● 微按

　　"当下传统课堂有三大无法破解的难题。1.传统课堂无法破解学生全面发展的问题。2.传统课堂无法破解教师进步和职业幸福感的问题。课堂上没有精彩的知识生成，看不到学生精彩的表现，时间长了教师就会产生职业倦怠，就会失去职业幸福感。3.传统课堂无法破解学生的素质和应试水平共同提高的问题。"2018年9月，教育部党组书记、部长陈宝生在《人民日报》撰文，吹响了"课堂革命"的号角，强调"坚持内涵发展，加快教育由量的增长向质的提升转变"。"情思教育"作为核心素养下因脑而教的教育主张，以立德树人为导向，坚持育人育分同线前行，坚持学生情思行合一原则，引领学生攀行情感、思维和行为三座高山，促进学生的全面发展。在"情思教育"实践探索中，"我们"坚持以课程实践者的"实践为特征的适合研究"的行走方式，实现了让教师在教学研究中幸福成长的幸福。

第一节 情思教育：活教育的当代阐释 [1]

2019 年 7 月，在苏州吴江，我与广东省广州市增城区教研室陈洪义老师因并肩而坐而相识，当时只是粗略地了解到他 20 多年的教育教学工作成绩斐然，是广东省特级教师、正高级教师；2020 年的五一劳动节，收到陈老师的专著《情思教育的理论与方法》，在快慰中欣赏着一个个字符在思维大道上欢呼雀跃的样态，感受着"情思教育"乐符跳动之美，对陈老师执着追求的情思教育之真谛有了一定的理解，深感这一教育理念是对陈鹤琴先生活教育理念的当代阐释。

一、经年型塑的教育思想

20 世纪三四十年代，中国大教育家陶行知先生将中国的教育情形描写为"教死书，死教书，教书死；读死书，死读书，读书死"。针对这一现象，陈鹤琴提出"教活书，活教书，教书活；读活书，活读书，读书活"[2] 的主张，结合在江西办教育的实践，1940 年发表《什么叫作"活的教育"》一文，最早提出"活的教育"思想。

1946 年 12 月，由陈鹤琴编著出版的《活教育理论与实施》，收录了其《活教育（中国新教育的幼苗）》《活教育的教学原则》《活教育要怎样实施的》三篇活教育理论文章及《松林中新生的幼师》《训育的基本问题》《儿童教育应该怎样实施的》《怎样布置教室》《怎样管理教室》《标准活动黑板》六篇实施文章，[3] 对活教育的理论与实施进行初步的介绍，大开鲜活教育之新风尚。

1948 年 4 月，由陈鹤琴编著出版的《活教育的创造理论与实施》，收录了其《什么叫作"活的教育"》《活教育与杜威实验教育》和《创办幼师的动机及其经过》三篇文章。该书收录的第二篇文章《活教育的理论体系》，是张文郁于 1947 年在上海整理发表的，是活教育理论七年来的总结，也是活教育思想最终成型的收官之作。

活教育思想自形成以来，在中国教育界产生巨大影响，虽然建国初的

---

1 此文发表在《求知导刊》2021 年第 2 期。作者：张华中（博士、特级、正高）。

2 陈鹤琴.活教育的创造理论与实施 [M].上海：华华书店，1948：9.

3 陈鹤琴.活教育理论与实施 [M].上海：立达图书服务社，1946.

1951—1953 年，不幸出现批判"活教育"的左的事件，但改革开放后，活教育思想的光芒冲破阴霾，普照中国教育事业，教育大地焕发蓬勃生机。

情思教育思想源起于情思柔性德育实践，始于 2000 年陈老师第一次任毕业班班主任，二十几年如一日，以立德树人为追求，养其情，育其思，导其行，将未定型、未定性、一切都是可变和在变中的青少年，基于现实问题，以入情境为开始，在受教育过程中逐步融境以自悟，进而促其在现实之中悟其行、慧其行。这一德育理念追求教育无痕效果，是一种柔性教育理念。如今，陈老师已建立情思德育团队，构建情思德育课程，其成果《情思"润"课程架起的德育美丽》即将由出版社出版发行。

情思教育思想苗壮于情思历史教学主张。自 2009 年，陈老师提炼情思历史教学主张，改变传统教学课堂结构，在课堂活动中将"情"与"思"统一，使"历史学习"成为"一种引导下的创造"，十几年如一日，借力广东省新一轮百千万人才培养工程，得以提炼情思历史教育的理论、内容体系和实施路径。他的《"情思历史"教学概论》已正式出版，情思历史教学的理论体系与实践操作得到国内同行的充分认可，获省教学成果特等奖和国家教学成果二等奖。

情思教育思想丰满于情思适性教学研究。2017 年，陈老师被调入增城工作，带领情思教研团队，在初中侧重"情趣教学"，在高中侧重"创生教学"，在情思历史理论的基础上，凝练出情思适性教学理论，并进一步将"情思教学"与"情思德育"在实践中深度融合，于 2019 年成立情思教育研究联盟，情思教育之花傲放于增城区小学至高中不同学段、不同学科。经《中国教育报》等媒体宣传，情思教育已从东南一隅，风行中华大地。

活教育思想由提出到形成完整的理论体系用了七年时间，情思教育思想从实践到形成理论体系用了近 20 年时间，例证了思想源于实践，在实践中丰富发展并发扬光大的理论提炼一般路径。

二、富含要义的教育思想

陈鹤琴先生在 1940 年发表《什么叫作"活的教育"》一文中，初步概括出活的教育不是死的教育，在活的教育中要有"活的榜样""活的教法"。

《活教育理论与实施》一书的"前记"中则明确了活教育的理论体系：有目的论、课程论和方法论三大目标；有自己做、自己想、学做一致、发现自己的世界、积极鼓励、大自然和大社会是我们的活教材、比较教学法、比赛教学法、积极暗示、环境教学法和分组学习法等原则；有活教育与死教育的十大区别；有实验观察、阅读参考、发表创作和批评研讨四个步骤；有儿童健康活动、儿童社会活动、儿童科学活动、儿童艺术活动和儿童文学活动五指活动。

《活教育的创造理论与实施》一书收录的第二篇文章《活教育的理论体系》仅将上述十二大教学原则增加教学游戏化、教学故事化、教师教教师、儿童教儿童，扩充为十六大原则，其他活教育理论表述同于上书前记。

情思教育主要包括"情思教学"和"情思德育"两部分。二者均强调以境引情，以情诱思，以思促行，以情思行合一理念彰显因脑而教的实践意义。[1]

这一思想的烨取过程中，不仅浸润了脑科学中的三重脑理论，教育学中的建构主义、经验主义和人本主义理论，还渗透了心理学中的知识、情感和行为三大领域知识目标分类理论以及情思三元场境理论，奠定了扎实的理论基础；进而通过厘清情境、情感和情绪，辨识思维和思想，区分行为和行动，阐释情思想教育的具体内涵；通过分析《礼记·学记》中的教育教学原则，枚举出情思教育以生为核、智行合一、情情统一、文质相适和闭合循环五大原则。

最后，通过绘就情思教育的基本流程，明晰了情思教育的模式要义：宏观感知入境—微观启思融境—宏观感悟悟境—微观提升出境；通过历史学术性课堂、学史四问引思辨、圣贤文化入德育和圣贤家书育情思来实现情思教育的创新应用。模式要义和创新应用中的丰富案例较好地注解了情思教育思想在教育教学现实中的适切性。

比照活教育与情思教育两种思想的要义，粗略可见均有理论依据、基本原则、教学范式等。再仔细比照活教育与旧教育的十大区别：（1）以儿童为中心；（2）教育的目的在于培养做人的态度、养成优良的习惯、发现内在的兴趣、训练人生的基本技能；（3）做中学，做中教，做中求进步；（4）分组学习，共同研讨；（5）以爱以德来感化儿童；（6）自定法则管理自己；（7）课程、教材因儿童和社会需要有伸缩性；（8）儿童天真烂漫、活泼可爱，工作时很静很忙，游戏时很起劲很高兴；（9）教学相长；（10）师生改造环境服务社会。显而易见，"以生为核"与"以儿童为中心""儿童静""儿童忙"相契合；"圣贤文化入德育和圣贤家书育情思"与"态度""兴趣""习惯""以爱以德来感化儿童"等相呼应；"智行合一"与"做中学，做中教，做中求进步"相一致；"入境""融

1　陈洪义.情思教育的理论与方法 [M].长春.东北师范大学出版社，2020：7.

境""悟境"与"环境教学法""改造环境"同关注。可谓是思想主张有不同的文字表达，而其内核、精神要义则基本趋同。

三、深蕴意义的教育思想

2012年，党的十八大明确强调要从国家层面更加深入地考虑"教育要立什么德、树什么人"或者说"教育要培养什么样的人"这一教育最根本的问题。[1]2016年9月13日，《中国学生发展核心素养》研究成果正式发布，核心素养以培养"全面发展的人"为核心，分为文化基础、自主发展、社会参与三个方面，综合表现为人文底蕴、科学精神、学会学习、健康生活、责任担当、实践创新六大素养，具体细化为国家认同等18个基本要点。

既然是从国家层面研究论述，这一核心素养体系难免具有概括性、纲领性、统领性等特征，这也给专家学者更多的延展和生长空间。

基于核心素养的基本旨要，专家学者见仁见智，有专家拨开学者给核心素养披上的层层迷雾，一针见血地指出："植根于中华文化和教育理论的土壤"是中国学生发展核心素养应有的本义，"活教育"的理论不仅在上个世纪可以激活学生的潜能，在当今仍能培育和发展学生的核心素养，活教育思想将中华优秀传统文化和时代要求以精神内涵紧密联系在一起。[2]

情思教育的实践探索早于国家学生发展核心素养，凝练教学主张同步于学生发展核心素养的国家层面研究与公布，作为一种基于教育教学实践的新教育理念，通过寻求引情、启思、促行三个教育元素在日常教育教学活动中有效融合，达到育分不忘育人、强化本能、发展素养的教育目的，进而回答"培养什么人""如何培养人""用什么培养人"的问题，而这无疑也是对党和国家如何"立德树人"根本教育问题的现实回答。

教育历史悠久，教育真谛深邃，无论是"活教育"还是"情思教育"，都是培养人的教育理念，虽然时代在变，人在变，但教育中永恒的精髓不变，情思教育实为"活教育"的当代阐释。

1　林崇德.21世纪学生发展核心素养研究[M].北京.北京师范大学出版社，2016:1.

2　成尚荣.活教育：核心素养的摇篮[N].中国教育报，2017-4-19.

第二节　从心理学的视角看"情思教育"[1]

心理学的研究对象是个体（动物和人）的心理现象，这里我们暂且把范围缩小为人类的心理现象。人类心理现象是一个极其复杂的系统，可以从多个维度对这个系统进行划分和分类。如果就心理过程而言，心理学界普遍认为可以把它分为认知过程、情绪过程和意志过程三个部分，简称为"知—情—意"。认知过程也称认识过程，是指人们获取知识和运用知识的过程，包括感觉、知觉、记忆、思维、想象和言语等。它是我们认识世界、改造世界的基础。情绪过程是人对待他所认识的事物、所做的事情以及他人和自己的态度体验。人们在认识世界和改造世界的过程中必定会产生各种情绪，同时这个认识和改造的过程又是有目的、有计划的。人在自己的活动中设置一定的目的，按计划不断地排除各种障碍，力图达到该目的的心理过程就是意志过程。在现实生活中，人的这三个心理过程并不是孤立进行的，它们相互影响，互相作用，紧密联系。在整个教师教育（学）—学生学习的过程中也是如此。

一、"知—情—意"元素的学习作用程式

学习是通过阅读、听讲、观察、研究、实践等途径而获得知识、技能或认知的过程。教育教学即是启发学生学习行为得以顺利并有效开展的过程。学生的学习就是通过感知觉、记忆、思维、想象等多个认知过程协同工作而了解并掌握新知识的。广义的学习活动既是生物性需要，也是一种社会性需要，是人类适应环境的必要环节。但狭义的学习活动，即学生的学习活动多源自于社会性需要，具有一定的被动性。若学生无法意识到当前学习和将来生活实践的关系时，这种需要就没法激起并维持他的学习行为，也就是缺乏学习动机。进行一项长期而有意义和目标的学习时，如掌握一门知识和技能，在这个过程中需要学生具有克服困难、战胜挫折、坚持不懈的意志品质，这时动机就必不可少了。动机起到唤起并维持学生意志过程的重要作用。学习动机主要包括四个方面，即对知识价值的认识、对学习的直接兴趣、对自身学习能力的认识、对学习成绩的归因。这其中的三个方面都和情绪过程、意志过程密切相关。学习兴

1　此文发表在《少男少女·教育管理》2020年第5期。作者：丁薇（情思教育研究团队成员，心理学硕士）。

趣促使学生积极主动地参与学习活动，从而满足内心对知识的渴求，同时伴随相应的情绪体验。对自身学习能力的认识也被班杜拉称为自我效能感，它影响学生参加学习活动的坚持性，激发和维持向困难挑战的精神和达到学习目标的耐力。对学习成绩的归因指的是对学习成果或失败原因的主观分析。将学习成败归结为不同的原因会引起学习期待与情感上的不同变化，从而影响以后的学习。

由此我们发现，教育教学过程若能更好地激发学生的学习动机，则学习的过程能更顺利地进行并被长久地坚持下来。而激发学生动机的过程无不伴随着调动学生的积极情绪。简而言之，要让学习这个认知活动顺利进行，教育教学过程需要打通两个关键点：一是激发学生的积极情绪，让学生乐学；二是培养学生的意志品质，使学生久学。对于学习过程而言，认知过程是基础，意志过程是保证，情绪过程是催化剂。教师的教育教学过程的关键就要充分调动这几个环节，使其和谐。

二、情感因素在情思教育中的运行机理

情思教育的内涵在于"情、思、行"三个字，触其情、引其思、唤其行是三个关键环节。在笔者看来，在三者互动的过程中，"情"是情思教育起效用的最重要的"开关"。这个开关一旦开启，要让系统运行得更加顺畅，就需要两个中介变量加入，起到"媒介"和"催化剂"的作用，它们是"动机"和"意志"。无论是触发情感体验，还是引发深度思考，还是最终决定行动并坚持不懈，都需要这两个心理过程的参与。"动机"能保证情思行交融的过程顺利启动，而"意志"能让这个过程持久保持。在教育教学过程中，通过创设和营造一个调动学生积极情绪的情境，以此实现学生对教师、对教学内容的情感认同，这时两个中介变量开始启动。当学生的内生动力被激发时，思考与行动都将变得更加积极。而当面对学习过程中的困难和挫折时，意志过程能保证这一进程得以持续，进而真正实现学生的认知认同和行为的强化，即脑的变化和行动的变化。这就是一个完整而积极的学习过程。

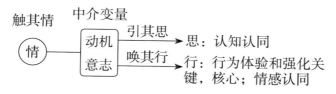

三、情感机理在情思教育中的撬动策略

情思教育是一种基于学生核心素养发展而提出的新教育理念。情，情感；思，思维。情思教育回答了两个问题：一是回答了教育的培养目标的问题，也就是培养会做人、善做事的人；二是解决了如何培养人的问题，也就是通过引情、启思、促行的活动路径来培育人。情思教育充分发挥了心理过程中"知—情—意"三个维度间相互作用的力量。在这个过程中，"情"又发挥着至关重要的作用。情思教育中对"情"的解释是情境、情绪，这和心理学"知—情—意"中对"情绪过程"的解释大致相近，但范围更广。具体来说，情思教育中的"情"不仅强调的是教育教学过程中产生的积极情绪体验和感受，还提出教育教学过程需要营造一个适合学生学习的情境。而"情"这个字通过调动两个中介变量——动机和意志，将"思"与"行"串联在一起。

（一）以"情"促动机，激发学生学习的热情

1. 情境教育引发兴趣和好奇心。广泛的学习兴趣和对未知领域的好奇，是学习行为得以产生的最原始条件和得以维持的最理想条件。情境是影响学生学习动机的一个因素，当我们营造一个学习导向的环境时，就对动机性学习有重要意义。情思教育中所提倡的情境教育即强调教育教学过程中要创设一个让学生身临其境或如临其境的心理环境，让学生能将抽象的学科知识转换为形象具体、鲜明生动的事例或感悟。通过将某一学科的知识与现实生活联系起来，以此引发学生的求知欲和兴趣。情思教育中的情境教育包括创设关注人的情感世界的课堂——"情感场"和创设启发式提问的课堂——"思维场"。在这两个"场"与"境"中让学生到达从情感上的喜欢到思维上的调动，以此实现触其情，引其思。

2. 以积极情绪体验提升自我效能感。自我效能感最早是由心理学家班杜拉提出来的一个概念，是指人们对自己是否能够成功地进行某一成就行为的主观判断。也就是说，一个人是否继续他的某个行为不是完全取决于结果，即他是否被奖励和强化，而有可能受个人对自己某种行为会导致某一结果的主观推测，即对自己能力的预测。比如，一个学生如果认为自己只要认真完成作业，就能取得不错的成绩，于是他会更倾向于认真地完成每一次作业。在这个过程中，我们看到个体对"自己是如何的"这个问题的感受十分重要。这也是自我效能感理论对传统心理学重行轻欲、重知轻情的一大挑战。因此，如果在教育教学过程中能让学生感受到积极的情绪体验，这个成功的经验就会提高效能期望，

让他相信自己可以在这一科学得不错，这时学生会更愿意继续该学习行为。情思教育注重在实践中对学习者情绪的触控点的把握，首先强调正确认识和调节学生情绪，使学生产生学习的最佳情绪，以此实现学生好学和乐学。更近一步地强调在教育教学过程中要对学生"拔其情"，即利用学生情绪的调动和调控来促进学习者的学习思维深入。这又是一个触其情、引其思的过程。

（二）以"情"育毅力，培养学生坚毅的品质

1. 提升耐挫力，积极而持久地面对学习。耐挫力是指正视和克服困难的能力，是一个学生在学习进程中必备的心理能力。耐挫力越强，当面对困难时，学生越不容易放弃。对于一项需要长期坚持的任务来说，培养学生的耐挫力是非常重要的。申青慧分析了影响耐挫力的四大要素：一是自尊和自信心强，自我认知良好，能自我接纳；二是归属感强，能够获得理解、社会支持；三是有较强的解决问题能力；四是能乐观地对待生活。学生在学习过程中难免遇到挫折，但如果教师在教育教学过程中注重设置合理难度的问题，一方面能启思；另一方面，适当的难度又能帮助学生及时获得成就感，从而提高学生的抱负水平，而达到锻炼意志品质的目的。这就是情思教育所提出的"情境场"，即创设适合学生思考的"合理发展区"。此外，教师还应是注重引导学生以积极的情绪来面对挫折。情绪既可以成为意志行动的动力，也可以成为意志行动的阻力。情思教育的模式就是要教师在教育教学过程中充分调动学生的积极体验和情绪，以极大的热情和信心来面对学习中的困难，使学生拥有一个积极的"情感场"。这是一个触其情、唤其行的过程。

2. 树立理想信念，追求更美好的生活。理想与信念是比兴趣与好奇心更强烈的心理倾向，是个体动机系统中的重要组成部分。它能促进个体做出并维持住一个更坚定而长久的行为，更具有"情感意志上的感召力"，在顺境时及时提醒，在逆境时鼓舞人心。对个体而言，理想和信念不仅在学习过程起作用，而且在个人的整个人生发展中都有极大的指引力。坚定的理想信念是一个人在成才道路上的必备素质。学生远大志向的培养也是学校德育课程的重要内容。情思教育的实现路径中提倡"感—融—悟—创"，这是一个感知体验—情思交融—感悟生成—活学活用的过程。以课堂内容的细节和情感体验的交融来推动宏观的理想信念价值观的建立，以此促进人的价值的发展。这就是情思教育追求的使学生精神富足、身心愉悦，懂得人生的价值和生命的意义。他不会因为小小的挫折而抑郁成疾，能从容看待人生的各种境遇。这又是一个触其情、唤其行的过程。

第三节　燃起情思，点亮行灯 [1]

　　回首自己小学或中学的学习时光，能让你记忆深刻、留在脑海里的，是什么？我想起老师微笑着、和善地看着我的眼神；想起老师说着幽默的话，把知识生活化、趣味化、同学们听得津津有味的情景；想起老师给没有完成学习任务的我们"开小灶"的情景；想起同学们课间跳橡皮筋、跳绳、玩弹珠的情景……原来，留下来的都是爱，都是情，都是趣，都是乐。

　　收到陈洪义老师的新著《情思教育的理论与方法》，就被封面的这段话深深吸引："情思教育是基于学生核心素养发展的一种新教育理念，关注'人'，服务'人的成长'，分别从人的'情感'培育、'思维'生成、'行为'培育来彰显教育的社会价值和实践意义。"情思教育"四个字中，"教育"一词强调教师工作目标的定位上要突出育人，包括德育育人和学科育人。"情思"一词有两层含义：第一层是解决培养什么人的问题。"情思"两个字告诉我们要培养的是有情感、会思考的人。第二层是解决如何培养人的问题。"情思"两个字的直接目标指向是慧行，引情、启思、促行是情思教育路径的三个关键元素。"

　　陈老师头上的光环之多和他取得的成果之丰是让我们可望而不可即的：广州市基础教育高端人才引进对象、广东省特级教师、广东省名教师工作室优秀主持人、华南师范大学兼职教授、中国教育学会特约观察员、全国特色教育优秀教师……情思历史研究成果获国家级二等奖、省级特等奖、发表论文 100 多篇、出版著作 9 部……华南师范大学宋春燕博士在"序言"中对陈老师的评价和陈老师自己一直坚持的理想更让我们看到了身边人榜样的形象："陈老师是一位有教育理想和教育思想的名师。""心怀梦想，行走在教育创新的路上，做一名创新型的智慧教师。"很多老师都有教育理想，但有教育思想的老师和创新型智慧的老师就不多了。不管是听陈老师的讲座，还是看他的书，总是会被他新颖、独到的观点和生动、浅显的解说陶醉其中。陈老师虽然是历史老师，但他比语文老师更语文。只要是他提出或经过思考的每一个字代表的教育理念和教育思想，就会把字理分析得头头是道，让听者和阅读者有豁然开朗、若有所

1　此文作者潘唯女，是深圳基础教育高端人才引进对象，广东省特级教师，广东省名师工作室主持人。

思之感；需要陈述或借鉴的教育观点，也会引经据典，有理有据地摆出来，让听者和阅读者心悦诚服、肃然起敬。比如陈老师提出的"情思教育"，其内涵解释是三个关键字：情、思、行。情，指情感和情绪；思，指思维和思想；行，指行为和行动。三者是以学为中心的基于学的闭合循环关系，其教育理念追求和强调的是在"情—思—行"的闭合循环中促进学习者情智素养生生不息的生长。又如在罗列情思教育的五大基本原则中，其中的"智行合一原则"，通过陈老师对"智"的全面分析，读者对"智行合一"就有了感性的认识了："情思教育的智行合一原则中的'智'具体解释为智慧，'智慧'一词的内容极为丰富，一是知，认知与理解；二是情，情感与情绪；三是思，思维与思想。概括起来说是知识丰富渊博，情感丰富健康，思维创新有活力之人称之为有智之人。知、情、思与行（即行为和行动）合一，这就是智行合一原则。"

　　老师们常常会为如何培养学生的思维能力而伤脑筋。因为知识不能单方面靠教师向一无所知的学生传授，提供知识并不是教育的根本目的，获得探索方法、培养思维能力、具有创造性和批判精神，这些才是教育所要追求的目标。陈老师在第三章《情思教育的内涵理念》中用生动浅显的"木筏"故事引发大家对问题探究学习重要性的思考。"木筏"故事是说一个人要通过自己想办法编织木筏，才能应对河流暴涨问题，顺利过河返回村庄。专门研究智力和认知过程的教育心理学家柯尔比提出的两个问题，让我们透视教育教学问题。第一个问题是："洪水面前，谁要过河？"陈老师说，很多时候，我们往往都忘记或忽视了"谁要过河"的问题。学生学习的过程不是被动接受知识的过程，而是学生积极建构知识的过程。因此，我们要明确教育教学的目的是要让学生"过河"。我们要在"激"字上下功夫。"激"学生之所"急"，让学生主动去找"绳索"，找"圆木"，编扎"木筏"，才能完成"编扎"知识的主动建构，即让教育者的主导作用和学习者的主体地位都得以张扬。第二个问题是："洪水面前，怎样过河？"陈老师说，新课程教学的重要目标就是要有效地培养学生面对"洪水""险情"的应变能力。这个问题中包含了两个基本要素"洪水"和"木筏"。"洪水"是思维发生的情境；"木筏"是思维实现的结果。所以，陈老师告诉我们，在教育教学中要重视知识问题化和重视问题情境化。以问题为中心推进学习，是使学生主动参与学习活动、积极思考的最好方法。在强化学生问题意识的前提下，再去培养学生的创新意识。而创新意识的培养，需要教师巧布"洪水"，将问题置于一个贴近生活、富有情趣，又具有开放性的情境中，让学生去体验、去思考。

另外，我特别欣赏和认同陈老师在情思教育中提出的"情思柔性德育"理念。德育工作，最重要的是唤醒，以一个自觉的生命去唤醒另一个生命的自觉，而不是只靠生硬的说教。在"动之以情、晓之以理"下的柔性教育是最有力量的教育。我们常常会看到这样的现象：如果老师或家长用强制手段让学生服从和遵守某项任务或制度时，学生的情绪是抵触的，行动是被动的，效果是不好的。陶行知先生说的"没有爱就没有教育"和"情思柔性德育"中的"柔"观点是一致的。不过，老师的"爱"和"柔"要把握好尺度。爱，要公平。班中的学生，犹如我们的手指，长短不一。有的孩子天生就惹人喜爱，有的孩子就是调皮讨人厌。我们面对弱势群体，不但要给予相同的爱，甚至还要把加倍的爱给予他们。有经验的老师常常在交流中表达了他们的真实感受：调皮的学生更懂得感恩，若干年后，记住我们老师的，多半是老师经常找来谈话或留下来开小灶的学生。柔，要表现在实际行动上。人无完人，学生在不断地犯错中成长，学生写错了字，更正便是，无须惩罚性多写，让其产生厌学情绪；学生迟到了，问明原因便是，无须让学生一直站在教室门口，让其尊严扫地；学生遗漏了作业，补上便是，无须大动干戈，让其产生恐惧感和缺失关爱。特别强调一点的是，教育者关爱的眼神、轻柔的抚摸、温和的话语，都是我们最有力的法宝。正像陈老师所说，"情思德育柔性如水，重引情启思与促行，步步注满师爱，软而无痕。"当我们在"情"、"思"上让学生达到认知认同、深入到位后，学生就能共情共振，最终顺利促成学生在心悦诚服下快乐无忧地行走在各自的学习之路上。

书的最后一章《情思教育的创新运用——学术性课堂与圣贤家书文化》，给读者打开了一扇窗。很多老师常常只是日复一日地重复着昨天的故事，所以回过头来发现五年前的自己和五年后的自己没有变化，没有成长。从陈老师列举的以创生为中心的学术性课堂和学术性团队的建设可以得知，不管是哪个学科，都要"聚焦课堂，创建学术性科组"，以"研究性教与学"贯穿科组工作的始终，在追求学术的精神下，对教学进行深入的研究和探讨，开展深度学习。陈老师告诉我们，做学术性老师，除了认真的工作态度、丰富的知识结构、扎实的专业功底外，还需要刻苦的钻研精神和较高的研究能力。我们不仅仅是课程的实施者，还应该是课程的开发者；不应仅仅教授书本知识，还要去探索创新、创造新知识，朝专家型、学者型教师的方向发展。怎样才能让自己付出的劳动看得见？那就是让写作成为成长的习惯。我把陈老师引用著名教育专家李镇西老师说的话原文摘录下来："如果硬要说我和大家有什么不一样的话，那就是我对体现教育的爱、执着、困惑、幸福、方法、技巧的故事进行了些思考，并把它们一点一滴地记载了下来，还写成了书。仅此而已！""家书"，这种作为亲人间沟通的书信形式，在这个信息技术迅猛发展的时代，已经变得十分陌生。但事实上，以家书形式进行德育工作具有特别的感染力。很多老师在组织家长会时，常常会安排这样的一个环节："爸爸（妈妈），我想对您说"。孩子事先把想跟父母说的悄悄话以书信的形式写好，放在课桌抽屉里，家长来参加会议时才可以读到。很多家长读了孩子的信后会眼含泪水，觉得和孩子的心走得更近了。陈老师提供的案例是"圣贤家书育情思"，为了激发学生的学习斗志和激情，让家长以书信的形式写给孩子，达到"以情动人、亲切入心、教育无痕、浸润心灵"的目的。这样一举多得的好事，何乐而不为？

当你捧起陈洪义老师的《情思教育的理论与方法》这本书阅读时，你不会觉得它是一本高深的理论著作，它犹如一位极有耐心又温和的老师，牵着你的手，和你一起剥着春天的笋芽，一边剥，一边轻言细语地用一目了然的图示和直白的文字将"情思教育"这根破土而出的春笋展现在你眼前：情思教育的理论基础、内涵理念、基本原则，情思教育的模式要义、主要内容和创新运用，从外延到内涵，从理论到实践，层层剖析，手把手传授。情思，告诉我们要培养有情感、会思考的人；情思，也告诉我们自己要做有情感和会思考的人。从现在开始，行动起来，让我们的教育在学生所学习的全部东西被遗忘之后留下来的东西尽可能多一些。

第四节　教学如此意，良士同斯情 [1]

　　怎样的一节历史课才是好课？这个话题似乎从来没有离开过我们。20世纪80年代初在《历史教学问题》杂志上，展开了一场关于"上好一堂中学历史课的标准是什么"的大讨论，其中一些思想对今天的我们仍有启发，现在读来依然觉得弥足珍贵。2013年《历史教学》杂志再次组织了"一节好的历史课的标准"的讨论，30年来我国教育有了长足发展，全国新课程改革推行已有十多年，许多观念发生了巨大的变化，但有些课堂观念仍是永恒的。陈洪义老师的情思历史教学研究再次提醒我们，好的历史课永远充满着情感的体验与智慧的火花。

　　陈老师是我的老朋友，也是我在广东省新一轮百千万名师班学习的同学。在他的身边，人们总是会被他的热情感染，被他的才华打动。他本身就是一个很有"情思"的人——我所理解的"情思"即是感情丰富且兼具智慧，这可能是许多人所向往的，对于一名教师来说，这是一种核心素养。捧读《"情思历史"教学概记》这本书，感受到陈老师对历史教育的深厚热爱，促使我再次反思当下的历史教学，唤起自己对历史教育的思考。

反思失情、失智的历史课堂

　　历史，在一些中学生的心目中，总是像过眼烟云虚无缥缈，总是与人们的生活相去甚远。于是，他们除了为应付考试而不得不死记硬背外，似乎别无学习的兴趣、动力和功效可言。其中原因说来很多，但根源之一恐怕就在于，我们在历史教学或历史课堂中，没有很好地寻求和建立历史情境、情感与学生求知、求智的联系，或者把历史与现实固有的鲜活联系给削弱甚至割裂了。倘若真到如此境地，那么我们就没有任何理由去责怪学生，只能进一步反思我们的教学或者课堂了。

　　陈老师在本书中谈及研究背景时提到，在很长的一段时间里，我们的历史教学实际上是有意无意地把"历史"完全等同于一堆毫无生气的秦砖汉瓦之类

1　此文发表在《中学历史教学参考》2018年第4期。作者：夏辉辉（广东省中小学新一轮百千万名教师培养对象，作者单位：广西教育学院教研部）。

的"老古董"，有些地方"背诵、听写、默写、应试"成为历史课的全部。即便课程改革已经推行很多年，但是一线教师的认识与实践存在很大的差距，在具体的教学实践中，中学历史的课堂教学依然存在很多问题。

许多名师都对失情、失智的历史课堂进行过反思，山东青岛李付堂老师曾写过《走出应试的沼泽地》一文。作为高考备考专家，李老师为什么把他的"成名之地"称之为"沼泽"？李老师笔下的"沼泽"是这样的：

教学中我最为得意的一着就是"学法指导"，即对历史知识做了极尽所能事的科学化技术化处理，当时称"抓住内容特点，概括一般规律"。比如对历史背景，一般都会要求学生进行政治、经济等方面概括，同时在分析历史原因时要抓"主客观因素""根本原因""主要原因""直接原因"等具体的运用方向。此法非常有效，一是经过训练，学生基本可以达到"自主学习"的境界，（注意：这里学生的自主学习学了什么呢？）这对教师本人课堂教学或教改的评价是一种莫大的成就；（疑问：教师讲的少了，学生看的多了就叫自主学习吗？）二是通过这样的学习方法，对学生的答题能力提高而言是一种捷径，对教师而言培养学生知识运用能力的目标自然就实现了。（疑问：对学生的运用能力如何理解？是在考题中还是在社会中？）

可以想象，如果没有括号里那些疑问，这简直就是一篇很完美的高考备考经验交流。这段话里透露这样一个信息，即号称以考查、培养学生历史学科能力的各类考试、复习备考模式，实际上是经不起推敲的。在总的学科教学价值上没有以"人"为中心，而在技术上做无限的拓展，老师们以为自己"正确地做事"，实际上没有思考"做正确的事"，最后的效果是不尽如人意的。

正如李老师所说：历史课已被我们扭曲了，已被考试扭曲了，已被社会扭曲了。学校里考分是硬道理，谁又能有暇顾及历史教育的本质和真谛呢？正是有了这样一种对历史教育的反思，对历史教学价值的反思，李老师在他如履平地的高处，如行沼泽，感觉到自己"陷入一种自欺欺人的状态而丧失了思考，陷入一种进退两难的境地而不能自拔"的痛苦中。

李老师在他的文集《历史教育：直面生命的追寻》中多次提到一个名字"郭永怀"。带着一份对乡土的热爱，郭永怀，这位出生于山东荣成的两弹元勋，成了李老师历史教育天空里的一颗亮星。"郭永怀，是我给我的每一届学生必讲的内容，而且是用一节课的时间讲。我知道这些考试不会考，教材上没有讲，但我无法拒绝为我的学生讲如此有生命力和生命感染力的历史。"李老师已经毕业了的学生说："老师，我们想听您再给我们讲郭永怀。"看来郭永怀已印在学生的脑海里，也相信郭永怀的精神、品格、追求已经渗透到学生的灵魂中。我相信，在那一份份的感动里，在一次次抑制不住的泪水中，在学生的心灵深处会永久地树立起一个大写的"人"字，会牢固地巍然耸立起"祖国"的观念与情怀。

是的，我们每个历史教师心中，都有自己的"郭永怀"，都有自己那一份对历史教育价值的追求。历史教育饱含着对学生心灵浸润的养份，每一个投入到其中的历史教师都能深切地感受到。历史长河中那些人和事，对活着的人们来说都是宝贵的财富，都是我们认识自己之所以为人、何以为人的无穷宝藏！

历史课堂之情境、情感、情智

陈老师所说的情思型课堂，又叫情思交融课堂，就是教师在课堂教学中通过情境创设，引导学生进行历史体验，在情境中感悟历史，并在历史感悟中引发与进行历史真相、历史问题的探究的一种课型。这样的课堂是新课程改革以来历史教学探索的方向。

在情思教学之中找回人性。有人请教著名的人类学家和考古学家玛格利特·米蒂教授："发掘出一个原始部落的遗址后，您怎么判断这个部落是不是已经进入早期文明阶段了？"一般人猜测正确答案可能是在遗址中发现了陶罐或者鱼钩，再不就是发现了碾米的石臼。但米蒂教授的回答却是："受伤后又愈合的股骨。"她接着解释说，在一个完全野蛮的部落里，个体的生死纯粹取决于残酷的丛林守则：优胜劣汰。除了少数特例，多数受伤的个体都无法生存下去，更别说等到骨伤痊愈了。如果在一个部落的遗址中出现了大量的愈合的股骨，就说明这些原始人在受伤后得到了同伴的保护和照顾，有人跟他们分享火堆、水和食物，直到他们的骨伤愈合。最后，米蒂教授意味深长地说："这就标志着原始人类开始懂得'怜悯'，而'怜悯'正是文明与野蛮之间最根本的区别。"

正如孔繁刚老师所说，历史学科有人文教育的功能，可是，它不会自动地实现——正如，历史有使人明智的神奇功能，而这些必须靠着人们明智地读史才能实现。我们常常说要通过历史教学实现人文教育功能，但是僵硬的、剥离了"人"的历史是无法教育人的，过去宏大、宏观的历史叙述缺乏"人"的身影。这个故事很好地启发了我们，回到历史的情境当中去，历史本来所赋有的人性便自然回来了。

在情思教学之中塑造思想。人因思想而伟大，人的思想之旅也是人确立自身尊严的过程。教育的全部价值尊严，在于用价值"服务人生"，即满足学习者健康成长、进步和发展的内在需要，这种内在需要更多而言就是思想塑造。在学习中对人类前途和命运的追问把学生的思维从一个微小的坐标点上提升起来，站在人类文明发展的大坐标上观察自己所生活的时代、看自己的理想与未来，形成的不只是超功利的价值取向，还有对人类共同价值的追求。

杰克逊·斯皮尔福格尔曾说："世界历史包括像经济、政治和社会变迁这样重大的课题，但它也是一部有关人类梦想（不管这些梦想有没有实现）、人类创造力以及哲学、宗教的灵感、激情的故事集。"穿梭于充满着激情与梦想的人类记忆中，怎可能没有学生生命情怀的体验？"历史学家不断地修改他们对过去所发生事情的理解。历史学家重新解读历史，既因为他们在旧题目上发现了新问题，同时也因为新的敏感性刺激着他们去探讨那些并没有引起以前历史学家兴趣的历史问题。"学生在学习的过程中也能如史学家那样用自己的思想解读历史，感受历史的厚度。

然而，我们很多人几乎忘记了什么是教育，忘记了用"价值"找回教育的尊严。我所见的教学，往往只强调"知识"与"效益"，而把"价值"抛在九霄云外。教育会因精神缺失、价值缺位而沦落为一门不成器的技术工作，教师也无法把教育教学工作当成一种高尚的事业，更可悲的是我们的学生因精神缺失而失去了人生前进的动力。

在情思教学之中激发想象。历史教育的内容是人类思想的沉淀，当人类历史上那些曾经鲜活的事件、人物、制度、艺术、科技成就转化为文字载于教科书的那一刻起，就凝固了。但实际上，这些凝固的历史或藏于我们的生活，或置于我们的性格与情操，或在世界的某个角落不为我们所知，静静地等着我们去发现——从这个角度而言，这些人类文化知识的积淀是鲜活而有生命的，而教育，便是要把这些看似凝固了的历史一丝丝地抽出——从生活中、从我们的性格中、从我们社会生活的方方面面抽出，使它们成为可以触摸、可以感知、可以聆听、可以继承、可以实践、可以畅想、可以创造的活生生的素材。通过对这些人类思想的感知，过去、现在与未来在课堂超时空地演绎着，从而获得人类把握未来的智慧与灵感。

情思课堂的思考、思维、思想

陈老师在本书中指出，历史教育者要充分利用历史情境，关注学生思维的培养，培养学生学会多元思辨思维，既学会模糊中的精确思维，又学会精确中的模糊思维；既学会逻辑抽象思维，又学会艺术形象思维，在思维层面做一个勤于思考、精于思考、善于思考的有情趣、有意趣、有理趣的聪明睿智的人。同时也要充分利用人文学科情感元素丰富的条件，创造条件，多方式关注和提高学生思想水平、政治觉悟、道德品质、文化素养。无论思维能力还是情感培育，都是当前历史学科核心素养的重要内容。

在情思教学之中活化教学过程。历史知识的获取其实是学生与前人在思想上的交流、认知上的切磋、感情上的交融的过程，亦是学生思想塑造的过程，因此，历史知识的获取过程也具有生命性，学习历史知识的课堂也必是一个充满生命力的课堂！它有着充分的准备与预设，但绝不预设所有答案，它的答案在每个学生心底，千姿百态地呈现出来；它有赖教师的开启与引导，但绝不"一言堂"灌输，而是平等地探讨，在这样的课堂里，师生是平等的，不只是人格平等，还包括智慧的平等；它有赖于优秀学生的引领，但绝不只是优秀学生的独舞剧，每个学生都可以发表自己与众相同、与众不同的看法；它是学习知识的殿堂，但绝不沉闷，发现的喜悦、成功的嘉许、合作的愉快都会随时出现。

在情思教学之中活化历史知识。情思教学以内容鲜活生动的历史知识为背景，设境激情，形式与方法可以是多种多样的，如生活展现情境、实物演示情境、图画再现情境、音像渲染情境、表演体会情境、想象进入情境、语言描述情境、网络整合情境等等。历史知识的"活化"必须注重学科内知识的联系、与其他学科的联系、与现实生活的联系。

在情思教学之中活化历史价值观。学习历史知识有什么用？在学生眼里，它不是实用的工具学科，甚至算不上严谨的科学，对于学习历史的价值和意义的认识直接影响学生对历史学习的认同感。只有把历史学习的价值与学生的人生观、世界观建立起有机的联系，才能真正体现历史的鲜活。正如赵亚夫先生所言：要把"为什么学历史""怎样学历史"这类问题与历史教育本该发扬的人文素养结合起来，诸如积累古典知识的价值、理解传统且孕育历史意识；深切关注人的命运与生命价值，人的存在意义、价值与尊严，人的自由、解放、发展与幸福；尊重个人价值，追求自我实现；重视道德养成，具有反省、质疑和追求公正的品质；具有追求完美的理想主义的倾向，以及超功利的价值取向，学会欣赏；崇尚自由、平等、博爱和独立人格，珍视人的完整性，并能够守护和身体力行社会的核心价值，做正义的事，护公正的法，以理智的态度体认人的心灵、信仰和情怀；爱国，捍卫国家利益，具有全球视野和乐于发现他民族、他文化特质的审美眼光。

人的"非完成性"意味着人具有无限发展的可能性，人的生命总在不断生成新的生命力，同样，人的情感世界也在不断地塑造与成长，课堂是学生生命中最重要的篇章之一，每一堂课都应当是学生求真求善求美的精神之旅。

陈老师的情思历史教学研究在历史课堂教学的路上往前走了一大步，它给我们带来的思考是永恒的。我以上海交大附中彭禹老师在《新航路的开辟》一课中的结语来表达我的心情：

人在历史之中，仿佛乘坐在独木舟中顺湍流而下，只能看到身畔闪过的景色，却不知背后推动着自己的究竟是什么。麦哲伦等人不过是本能地察觉到历史的脉动便已做出伟大的历史事业，生活在500年后的我们，是不是应当更加明智一些？是不是可以主动地回过头去寻找历史的智慧，看一看是什么在推动着自己，从而做出伟大而明智地选择？这大概就是我们学习历史的那一点点意义吧。

第五节　情思交融：还原历史课堂的本色 [1]

认识陈洪义老师是在 2010 年北京国培时，经常听他侃他对"情""思"教学的种种设想，谈到他的班会课与家长会也不例外，必用情思来构建，以至于他的家长会经常和学生们在一起或抱头痛哭或激扬文字，于是知道了他特别能"燃情"，特别能"启思"。时间沉淀出一份积累，果不其然，八年后就诞生了他的《"情思历史"教学概论》一书。

最受学生欢迎的历史课堂是什么样的？最受欢迎的历史教师是什么样的？相信每一位历史教师都想努力追求这两个问题的答案，陈洪义老师用他的"情思历史"给了我们回答。在关键能力的语境下，在项目组进行了 1000 多节的课堂实践和 50 多次教学展示的基础上，陈老师总结了一套"情思教学法"，创造性地提出"情思历史教学"的理论。这套教学法把历史教学中的情境和思维两个维度有机结合起来，以情致知，以思导行，以"情思育人"作为历史教育教学的目标，关注情感价值观，注重思辨启发性，汇总了一篇篇极具启思性的教学案例。这就使更多的历史教育人了解"怎么教"才是符合历史课堂本色的。当陈老师把对这些问题的思考与探索的成果结集出版成书时，相信每一位读者都能从书中读出教改与探索的故事。

一、以境燃情：为感动而教，使课堂成为一个"情感场"

陈老师在本书中谈及研究背景时提出，在很长的一段时间里，我们的历史教学实际上是有意无意地把"历史"等同于一堆毫无生气的秦砖汉瓦之类的"老古董"，"背诵、听写、默写、应试"成为历史课的全部，使课堂成为考试的"训练场"，"学生喜欢历史，却不喜欢历史课"。凡此种种，陈老师通过揭示这些"辛酸"的历史教学现象来警醒每一名从事历史教育的教师，并使他们认识到，历史课堂应该是关注人的情感世界，重视情智素养的培养场所，课堂应该是一个"情感场"，历史课堂教学是创造一个"有生命的历史"的过程，历史课的一项重要任务就是"燃情"，就是为感动学生而教。

1　此文发表在《中学历史教学参考》2018 年第 2 期。作者：徐雅芳（上海行知中学特级教师、正高级教师）。

情思历史中的"情"是策略方法，是教育风格的体现，"寓学于情"是情思课堂的一大特色。陶行知先生早就提出了"教学做合一"的理念，认为教学做是一体的，是一件事。让知识保持鲜活，教育者必须让学生回到情境中，用情境和思考结成的网来捕获知识之鱼。课堂所要遵循的逻辑和方法的出发点，即"学生立场"，也是当今教育者话语体系中的高频词，无论是宏大叙事还是微观描述，基于学生立场的表达总是不会缺席的。如果我们每天都忙着灌输给学生所谓的"新知识"，忽略了学生的感情，忘记了对学生的尊重，那是教育人的浮躁与浅薄。无论什么样的课堂都要把尊重写入课堂愿景，把读懂学生变得更具体。这就是说没有从学生出发创设情境的教学设计是盲目的，没有经过情境引入的课堂是粗糙的。正像数学特级教师张宏伟所说："许多时候，学生是知道的，只是被遮蔽了，教师要做的就是提供一种情境让他想起，让他与已知发生链接，进而产生新知，有所感悟。"

以境燃情，是情思历史教学人文精神的一种表现。历史教学作为人文学科需要情感为铺垫，以"情"带动学生"思"。"人们的智慧、思维动机如果没有情绪的参与将是苍白无力的"，抓住情感这一点，就像开启学生潜力的开关，将会有利于突破现有教学瓶颈，起到意想不到的效果。"情思历史"教学模式紧紧抓住这一点，形成一种基于"以人为本，以情动人"的教学模式，创设让学生参与的情境，展现情境中的人和事，让学生体验、感知和感受，获得真情实感。

为防止为情境而情境的误区，陈老师特别指出创设情境不能搞"花架子"，要注重情境创设的针对性与实效性。他独树一帜地提出：历史情境要有效地营造历史学习"有意义"的情境，唯有此，学生才能感受历史学习的兴趣，才能避免出现"喜欢历史，却不喜欢历史课"的怪现象。

所以说，历史课要学会以境燃情，要为学生创设有意义的学习情境，才能使学生会学、勤学、乐学，使历史课堂成为一个身临史境的"情感场"。

二、以情助思：为理解而教，使课堂成为一个"思维场"

美国学者威金斯与麦克泰格合著的《追求理解的教学设计》一书中提道：教材"隐藏"了什么，大部分被教材隐藏的内容都是未经察觉的，但由此造成的危害却是实实在在的……我们要追求理解的教育，而高密度地呈现研究成果的文本又不可能提供更具参与性和有深度的学习。教材仅是学习的工具，教师的工作不是灌输教材提供的内容，而是学会使用教材来协助完成目标。

陈老师的情思教学揭示了这一追求理解的教学设计的路径，他警示我们，历史课堂教学的本质是"助思"，是为帮助学生理解而教，因此，提供能"揭示问题本质的史料"是关键。他提出：把教材上的素材当成史料，通过"就地取材"展开"就材设问"，使课堂成为一个促进思考的"思维场"。

情思历史中的"思"是目标、理念，"寓思于境"是情思课堂的又一显著特点。在燃情的基础上为思考提供必要的历史情境。学习就是从已知走向未知，再从未知走向已知的过程。学生从已知的"情境"出发，引发思考，走向"未知"，再通过课堂教学走向"已知"。这一过程的本质就是通过"以情助思"，打造"情智共生"的课堂。教师成为"精神助产"师，形成"一个生命对另一个生命的影响"，促进学生的"心灵转向"，在情境作用下使学生的"思"从被动到主动、从单一向多维度、从表面向纵深发展。而这一过程就是要做到设计主题化、内容生活化、学习兴趣化、问题情境化、资源多样化、过程思辨化。

为防止为提问而提问的误区，陈老师特别指出"问题情境化"，要在情境中生成问题，在情境中解决问题，将问题置于一个贴近生活、富有情趣，又具有开放性的情境中，让学生去探索。唯有此，才能实现"教学生历史"向"用历史教育学生"的转变。

以情助思是情思教学体现人文精神的又一重要体现。书中陈老师总结了三种教学模式"情境体验式、自主活动式、问题探究式"的分化和组合，"知识问题化、以问题驱动课堂""问题情境化，以情境激活思维"模式都对课堂教学实践有实际的指导意义。而"思"的依托是"史料"，书中通过实例印证、史料运用来推进教学有良好的示范效果；篇末又以大量课例反思印证情感优化教学、情境探究式教学、历史假设教学、知识重构教学等教学模式的作用。

所以说，历史课要善用以情助思，要为学生创设多层次的问题探究，才能使学生会思、勤思、乐思，使历史课堂成为一个研精毕智的"思维场"。

三、情思交融：为体验而教，使课堂成为一个"生活场"

"不要给你的学生任何口头上的传授，他们应该而且只能从自己的体验中接受知识。"这是发现学习模式早就告诉我们的，没有恰当的体验，没有对世界的理解和情感，注定要以失败告终。这就是说，课堂必须成为学生情感体验与学习思考交融的"生活场"。

　　陈老师以详实的教学实例，从问题提出到现实背景，从理论基础到教育理念，从思想内涵到范式建构，从操作规程到课堂示例，形成了一套既有理论指导，又具有操作方法的情思交融的历史教学法。他提出要使课堂成为一个适宜学生的"生活场"，教师应该做到这几个方面：第一，在课堂教学立意上，围绕内容主旨，结合教育现状，学生认知特征，激发学生的兴趣，促进学生积极主动的参与；第二，在课堂情境创设上，用多种正反面案例深入浅出地介绍情境创设的模式、方法、实施的具体建议等，重视历史细节的把握；第三，在激发学生思维上，做到知识问题化，问题情境化，问题设置要有梯度、层次，情境设置要准确，通过设境生疑，完善学史方式，丰富学史经历。

　　由此，陈老师归纳了情思历史教学课堂操作的一般流程：确立主题，创设情境（体验、认知、激活）—带动情感（情境、审视、生成）—激发思维（发现、分析、交流）—形成思想（内化、感悟、创新）。这种"以境动情、以境促思、情智共生"的实施方法，意在创设一个与学生生活经历对接的活动场所，"情"与"思"相辅相成，"情"与"思"相互交融，情感和情境不仅基于学生主体基础，而且基于教师教学功力基础。书中提及具体操作可以依托历史素材和非历史素材，虚拟历史新情境，让人耳目一新。虽然这种方法现在尚存争议，但是在教学中不少教师多多少少都采用过类似方式。从教学效果来看，这种方法有值得借鉴的地方。

　　情思交融，是情思历史教学体现人文精神的最高境界。情思历史教学从关注课堂教学的师生关系到学生的情感经历，从关注课堂学生的学习情境到学生的心理发展，从关注课堂教学的主旨立意到学生的终身发展等，无不渗透着生命课堂、生本课堂、生活课堂的理念。

　　中国教育学会副会长胡金波提出"中国好课堂"概念，主张有意义、有效率、有活力、有韵律、有追求的"真实课堂"。其"真实课堂"的鲜明标识：是促进"心灵转向"的课堂，是滋润"生长"的课堂，是点燃"火焰"的课堂，是提供"外在自由"的课堂。"真实课堂"就是一个体验的课堂，就是一个提供学生生活场景的课堂。

　　陈老师的情思教学告诉我们广大的历史教育人，我们需要重启一种思维，从细微处一点一滴地培养人，以情思为出发点，从如何确立主题、如何创设情境、如何情思交融，做到情智共生，最终达到引领学生从浅层学习走向深度学习，使课堂成为学生的一个情感场、思维场、生活场……

或许我们在课堂教学中已自觉不自觉地在"以境燃情""以情助思""情思交融",但陈老师提出的"情思历史教学法"使之系统化、理论化、专业化。

他珍惜与学生相遇的每一堂课,他希望每一次的课堂相遇都能对学生产生影响。他孜孜以求的情思教学,就是让学生遇见历史的美好,让历史更完整、更丰富、更好地服务于学生,以便学生更完整地认识历史本身,更丰富地认识所处的这个世界,更好地做自己。

他想重建历史教学,建立一种大历史教育观,实现"教学生历史"向"用历史教育学生"的转变,他要还原历史课堂的本色。

他用对历史教育的热爱,用他的学术眼光,选择用文字记录教学上的每一点探索与感悟。他是一名行者,更是一名智者,他不愿停下脚步,总愿向着看不见的远方奔跑,这已刻在他生命的年轮里,这正是教改与探索路上的旋律。同为教育人,我愿追随这样的步伐。

第六节　融情以致深，汇思以行远[1]

　　情思历史是广东省特级教师陈洪义老师提出的一种特色教学范式，该教学范式将情境教学与探究学习结合，注重学生在历史课堂上的情感体验与思维能力提升。经过多年的教学实践探索与不断改进，该理论范式已逐步完善，出现了一大批优秀的实践教学课例并先后在湛江市、广东省乃至全国的历史教学研讨会上进行展示交流，产生了广泛的影响力。作为情思历史研究项目的参与者之一，笔者对情思历史的理论与实践均有直接的体会，特撰此文谈一谈自己对情思历史的认识。

一、情思历史的理论基础

（一）情境教学理论

　　现代意义上的情境教学理论兴起于 20 世纪初，随着知识的快速增长和学校教育的日益普及，工业化教育的弊端逐渐凸显，单纯的知识灌输和机械训练越来越背离教育的初衷。1916 年，美国教育家约翰·杜威的《民主与教育》正式出版。在该书中，杜威系统地总结了他的教育思想，提出"教育即生活""学校即社会""在做中学"等教育主张。在教学方法上，杜威认为，凡是有效的方法，都可以溯源到校外日常生活中引起思考的那种情境。[2] 基于这种教育思想，杜威提出了一套情境教学理论，其思维步骤是：情境—问题—假设—推论—验证。

　　在国内，著名语文特级教师李吉林老师是公认的情境教学理论开创者。李吉林老师从 20 世纪 80 年代开始研究语文情境教学，她"以儿童的个性全面发展为目标，依据马克思关于人的活动与环境有机统一的哲学原理，借鉴心理学中暗示、移情以及心理场等理论，构建情境教育基本模式"。在实践操作方面，李吉林老师的情境教学模式形成了"以培养兴趣为前提，诱发主动性""以指导观察为基础，强化感受性""以发展思维为重点，着眼创造性""以陶冶情感

1　此文发表在《中学历史教学参考》2018 年第 2 期。作者：唐朋（岭南师范学院教师，博士研究生）。

2　约翰·杜威. 民主与教育 [M]. 薛绚，译. 南京：译林出版社，2012.

为动因，渗透教育性""以训练语言为手段，贯穿实践性"的五大内在机制。[1]

（二）探究学习理论

探究学习理论最早由美国课程专家施瓦布于 20 世纪五六十年代提出，他认为探究性学习是指"儿童通过自主地参与知识的获得过程，掌握研究自然所必需的探究能力；同时，形成认识自然的基础——科学概念；进而培养探索世界的积极态度"。[2] 在我国，20 世纪 80 年代中期就开始有了引进探究学习方面的研究，但真正对探究学习展开全面研究则开始于 2001 年。从 2001 年开始，我国开启了第八轮基础教育课程改革，在教育部颁发的《基础教育课程改革纲要（试行）》中明确规定，要"改变课程实施过于强调接受学习、死记硬背、机械训练的现状，倡导学生主动参与、乐于探究、勤于动手，培养学生搜集和处理信息的能力、获取新知识的能力、分析和解决问题的能力以及交流与合作的能力"。

（三）情思历史理论

在中学，历史学科是一门增长历史知识、训练历史思维、涵养人文情怀的基础学科。然而，受应试教育的影响，历史教学方法程式化严重，重知识灌输而轻能力培养，重教师讲解而轻学生体验，造成很多学生喜欢历史却不喜欢历史课。正是在这样的背景下，陈洪义老师及其工作团队在中学历史教学一线开展了长期的教学实验与探索，从最初的情境探究式教学到"双主互动"教学再到后来的情思历史，陈洪义老师课题组在五年的时间内"进行课例实验达 600多节，组织校内研讨 100 多次，参加市级以上的交流达 20 多次"。[3] 功夫不负有心人，情思历史的课堂实验取得了越来越多的成果，情思历史的理论模型也逐渐完善，形成了一套比较成熟的理论范式。[4]

情思历史是情境教学理论和探究学习理论的有效融合，由情境、情绪（情感）、思维、思想共四个基本要素构成。该理论范式以学习主题为中心，以历史材料为依托，以教师的情境创设和问题设计为方法，以学生的情感体验和思维训练为过程，以学生的情智素养培育为目标追求，构成了一套完整的教学实

1　李吉林.情境教学的理论与实践 [J]. 人民教育，1991（05）：29-30.

2　钟启泉编译.现代教学论发展 [M]. 北京：教育科学出版社，1988.

3　陈洪义.重回课改现场，探寻教育智慧——基于课堂的情境探究式历史教学探索 [M]. 长春：东北师范大学出版社，2014.

4　陈洪义，唐朋.情思历史教学范式的建构与实践 [J]. 新课程评论，2017（07）：76-82.

践操作体系，"拨动情感的弦，放飞思维的线，让历史学习成为引导下的创造"是情思历史本质所在。

二、情思历史的价值追求

情思历史兼顾了历史教学中的情境激趣与情感体验、思维训练与思想升华，既体现了历史教学的过程性，也关照了历史教学的目标性。具体来说，情思历史具有如下几点价值追求。

（一）为兴趣而教

兴趣是最好的老师，历史学科包容万象，既有鲜活生动的历史人物，也有跌宕曲折的历史故事；既有洞微烛照的历史细节，也有大气磅礴的历史大势；既有反映真相的历史史实，也有彰显智慧的历史解释，这些都可以成为学生学史兴趣的来源。然而，在中学历史教学实践中，人、故事以及细节的严重缺失，使得生动有趣、充满智慧的历史最后都变成一个模子里刻出来的条条框框，历史教学失去了它最本真的特点，变成了一个让人望而生畏的学科。

情思历史的第一个价值追求是情境激趣，即通过创设历史情境激发学生的学史兴趣。情境是情景、境地的意思，历史情境是指人为地还原历史的场景或制造历史的氛围。历史情境具有写实性、直观性、生动性、多样性等特点，能直接吸引学生的学习兴趣，为教学活动的有效开展定下基调、做好铺垫。在中学历史教学中，创设历史情境的方法有多种，如运用语言创设历史情境、运用直观教具创设历史情境、运用多媒体创设历史情境、运用角色扮演创设历史情境、运用音乐创设历史情境等。

（二）为体验而教

著名特级教师郭富斌老师曾说过："如果一个人从来没有感受过人性光辉的沐浴，从来没有走进过一个历史人物丰富而美好的精神世界……那么，他就没有受到过真正的、良好的历史教育。"[1] 作为一门人文基础学科，中学历史学科肩负着塑造社会公民精神世界的责任与使命，历史教师有责任去挖掘历史经验中的价值信息，引导学生去体验历史，汲取历史的养分。

情思历史的第二个价值追求是情感体验。历史学习的过程也是学生进行情

1　郭富斌.历史教学要"眼中有人"[J].中学历史教学参考，2005（10）：9-11.

感体验的过程。情思历史的"为体验而教"主要包括三个要点。第一个要点是"掘",指的是在教学活动开始之前,历史教师要充分发掘历史教学内容中所蕴含的价值信息。第二个要点是"融",指的是在教学活动进行之时,历史教师要找准教学的切入点,实现教学内容与学生情感体验的融合;同时,学生在历史课堂上的情感体验应该是贯穿整节课,因此也要将教学方法与学生情感体验相融合。第三个要点是"悟",指的是在教学活动结束之后,历史教师要留给学生充足的时间和空间进行感悟,因为只有学生自己的领悟才是真正的体验。

(三)为思考而教

浙江省特级教师朱可老师有一个观点:"一堂好的历史课应该能够拨动学生思想的琴弦——帮助学生把僵化的学科知识转化为灵动的学科认识。"[1]笔者对此深表认同。对于历史学习而言,使人明智的是历史认识而不是历史知识,要实现从历史知识向历史认识的转变,则需要学生在历史学习过程中有真正意义上的独立思考,即教师要拨动学生思想的琴弦。

情思历史的第三个价值追求是思维训练,主要是指在课堂教学中,历史教师应给学生提供思考的机会,为促进学生的历史思维能力发展而教。情思历史中的思维训练主要由两个部分组成。第一个部分是问题,问题是引发学生进行思考的原动力,这就要求历史教师要在吃透课标与教材的基础上,围绕该课的学习主题设计既具有思维含量又符合学情的探究问题。第二个部分是史料,史料是学生开展问题探究的具体依托,因此需要历史教师精心挑选史料,合理设计问题探究的过程,逐步引导学生进行深入的历史思考。

(四)为理解而教

民国历史学家陈衡哲女士在她的《西洋史》一书中曾说过:"历史不是叫我们哭的,也不是叫我们笑的,乃是要求我们明白他的。"[2]在这里,所谓的"明白他"即理解历史。对于历史学习者而言,只有理解了历史,才能更好地理解当下,也才能更好地展望未来。

情思历史的第四个价值追求是思想升华,即通过历史的学习去理解历史与现实,进而实现思想境界的提升。情思历史的思想升华需具备两个条件。第一

1　朱可.拨动学生思想的琴弦——一堂好历史课的观察视角[J].历史教学(上半月刊),2014(05):21-27.

2　陈衡哲.西洋史[M].长沙:岳麓书社,2010.

个条件是形成对历史的理解。历史已经一去不复返，今天的我们想要理解历史就必须借助于史料，运用历史的眼光以及同情之理解的态度，尽可能地去还原历史的真实。 第二个条件是形成对现实的理解。对现实的理解来自我们生活的经验，因此，生活的经验越充足，我们对现实的理解也就越深刻。事实上，历史的理解与现实的理解是相辅相成的，对历史的理解可以帮助我们更好地理解现实，而对现实的理解也将有助于对历史的理解。因此，情思历史主张历史与现实的相互关照，从而实现为理解而教的价值追求。

（五）为生成而教

教学的最高境界是"润物无声，自然生成"。生成是对教学过程生动可变性的概括，有生成的课堂才富有生命力。传统的历史教学比较注重学生对历史知识的系统掌握，而对学生的情感体验和思想感悟关注较少，历史学习过程以既定教学目标的达成为主，学生参与度低，自然生成的部分较少。

情思历史的第五个价值追求是学生情智素养的自然生成。情智素养是指学生在历史学习过程中形成的具有个性特色的情感体验与智识提升，是对学生历史学习过程中发展核心素养的进一步凝练与升华。情思历史倡导开放式教学，主张"在情境中体验，在问题中思考，在对话中生成"，整个教学过程坚持以学生为中心，充分调动学生参与教学活动的兴趣，增强学生的学习主体意识，为学生情智素养的最终生成而服务。

三、情思历史的实践特色

情思历史教学范式的形成经历了一个理论与实践相互调适不断改进与完善的过程。在这个过程中，情思历史也逐渐形成了一套自己的实践特色。

（一）"双主互动"的师生关系

新课改以来，"以学生为主体，以教师为主导"的课程理念得到了广大教师的普遍认可，也在教学实践中得到了贯彻落实。陈洪义老师的情思历史就充分体现了这一教学理念，并据此提出了"双主互动"的探究式教学模式。所谓"双主互动"是指教师为主导，学生为主体，两者相互协调，最终促进师生的共同成长。[1]情思历史的教学实践在师生关系上坚持"双主互动"的做法，在主

---

1 陈洪义.高中历史"双主互动"探究型教学[J].教学月刊（中学版），2014（11）：20-23.

要教学环节如情感体验、问题探究、思想升华上均以学生为主体，注重学生自身的主体体验与自主行动。与此同时，教师的主导作用并没有被弱化，而是在具体教学环节中与学生的主体地位相配合，如情境创设、问题设计、探究引导等环节均离不开教师的指导。

（二）"融情汇思"的课堂氛围

情思历史追求的是一种"情思相融，情思相促"的教学境界，在教学实践中利用学习主题将教学情境与学习探究结合，将情感体验与思维训练结合，营造出了一种"融情汇思"的课堂氛围。具体来说，所谓"融情"，既指教学情境与学生情感的融合，也指历史情境与现实情境的融合。所谓"汇思"，既指学生之间思维的碰撞与交汇，也指学生在思维能力训练与思想境界提升之间的交汇。正是这种"融情汇思"的课堂氛围，使得历史课堂充满了乐趣，散发出思想的光芒，吸引着学生，也成就着学生。

（三）"致深行远"的效果生成

情思历史基础在情境，关键在探究，情境保证了学生学习的动力，探究保证了学生学习的成效。任何一种教学方法均不能回避其教学的最终效果，情思历史遵循了由浅入深、由直观到抽象、由情感到思维的教学规律，很好地实现了"致深行远"的效果生成。所谓"致深"，是指学生在历史学习的过程中源自内心的情感体验能够深入，对历史问题的理解能够深刻。所谓"行远"，是指学生在历史学习思考的广度和深度方面能够走得更远，进一步来说，这样的历史学习也能使学生的人生之路走得更远。

最新版的普通高中历史课程标准已于 2018 年元月正式公布，该版课程标准在教学建议中提出了教师在设计教学过程时，需要重点考虑"创设历史情境""以问题为引领""开展基于史料研习的教学活动"等建议。由此可见，基于情境的教学与基于史料的探究已经成为历史教学的必然趋势。情思历史有效融合了情境教学与探究学习，兼顾了学生的兴趣与体验、思考与理解，形成了"双主互动""融情汇思""致深行远"的实践特色，符合历史教学发展的主流趋势。相信在历史教育的新时代里，情思历史定能继续引领中学历史教学实践，发出它耀眼的光彩。

第七节 扎根人本主义之源，追求生命课堂之本 [1]

洪义是我的学长，20 年前是大学的学霸，20 年后已是载誉无数的历史教学界名师，可喜可贺。

学长天资聪颖，才思敏捷，苦心孤诣，大学时因勤于笔耕而获名生（作家）奖，工作后博览群书，磨穿铁砚，在现代教育理论、教育心理学、课程论、历史教学等方面深入研究，形成了独特见解，一部部基于实践的著作，一篇篇追求卓越的文章广为人知，真乃"春风化雨花千树，硕果累累傲金秋"。

《情思历史教学概论》是洪义兄又一理论性著作，著作打通连接古今中外教育理论之命脉，凝聚历史教学研究成果的精华，建构情境情感与思维思想的文化殿堂，扎根人文主义之源，追求生命课堂之本，是当前历史教育学与历史学科素养有机结合的力作，一辞莫赞！

教育的现代化说到底是人的现代化。马克思在 1848 发表的《共产党宣言》中指出，"代替那存在着阶级和阶级对立的资产阶级旧社会的，将是这样一个联合体，在那里，每个人的自由发展是一切人的自由发展的条件。"他还提出人的全面发展理论，"每一个人都无可争辩地有权全面发展自己的才能"，"任何人的职责、使命、任务就是全面地发展自己的一切能力"。

情思历史教学的理论来源是人本的，立足于人的发展观。儒学的"不愤不启，不悱不发"的启发式教学，苏格拉底的"精神助产术"式诱导式教学，皮亚杰、布鲁纳、维果斯基的认知理论和建构主义理论，杜威的经验主义理论，马斯洛的人本主义理论，本杰明·布卢姆的目标分类理论等以人为核心的教育心理学理论均是情思历史教学的理论来源。

情思历史教学的课堂操作范式是人本的，贯穿"主题立意—创设情境—情思互动—思想生成"线索，强调"立意、情境、情感、思维和思想"，重视学生的独立和个性思考，强调基于独立学习与合作深入的深度体验和深度学习，借助于历史情景的合理呈现，把学生引入学习情境。学生在教师的科学方法引导和训练下，根据自己的爱好、追求等来选择教育影响，并将其内化为自身发

1　此文发表在《师道（人文）》2017 年第 6 期。作者：林良展（深圳第二外国语学校教务处副主任，深圳优秀教师，正高级教师）。

展需要的内容，为学习有效搭建"脚手架"，帮助穿越"最近发展区"。这实现了教学中教师与学生主体与客体的和谐统一，也让叙述历史的人、解读历史的人和历史情境中的人三者之间进行有机互动，构成了情思课堂的独特魅力。

情思历史教学的评价方式是人本的，历史教学的价值追求就在于凸显"人"，张扬"人性"，情境的设置必须体现立足现实，不"削足适履"，不增加学生的学业负担，突出主题，"简约而不简单"，情境仅是手段罢了，要体现"素课"要求，在"看似朴实的设计中内隐厚实的史学功力和教育底蕴，蕴藉着思维的深刻性、穿透力，强调思辨性"。情思课堂的教师要以学生的认知程度为准则，准确把握课程目标和教学目标，了解和把握学生学习特点，重点是要把握学生的现有的认知结构和心理特征，尊重学生的起点水平，包括认知水平和能力水平，关注学生的认知特征、情感特征、意志品质特征和行为特征。

"生命·实践"教育学创始人叶澜教授提出了生命教育信条，道出了教育的本质。一是教育是直面人的生命、通过人的生命、为了人的生命质量的提高而进行的社会实践活动，是以人为本的社会中最体现生命关怀的一种事业。二是教育通过"教天地人事，育生命自觉"，实现人的生命质量的提升，体现教育中人文关怀的特质。三是教育通过提升人的生命质量，为社会提供各种人才，实现其社会功能；教育是人类和社会"更新性再生产"活动；社会发展要求实现终身教育，要求"社会教育力"的集聚与提升。

生命在于运动，生命在于思考。马克思指出，"活动是人的特性，自由自在的活动是全面发展的人的根本特征"。情思历史教学的途径在于追求思维的探究，使课堂环境处于动态之中；本质在于追求学生的认知的专注度、思维的活跃度和思想的生成度，在教授的过程中，"让每一个文字都有生命，让每一幅图片都有意义，让每一个声音都有魅力，让每一个动作都有内涵"。

情思历史教学基于主题的教学切入，让主题成为课堂学习主轴，有效地将情境与探究在教学中有机契合，使整个教学过程基于主题探究在历史情境的体验和感悟中走向深入。学生在情思历史课堂表现出"学习投入"特征，即"情感投入""认知投入"和"行为投入"，让历史课堂学习从浅表化学习走向深度学习，此过程不仅强调以学为本，而且强调课堂学习中每一个环节设计都是基于学生的有效学习，让课堂真正成为学生发现问题和解决问题的地方，而非展示正确答案的地方，实现了"由景生境，由思维到思想"的过程。

从课堂动态特征来看，情思历史教学突出课堂教学主体的多元性，倡导课堂学习活动的自主性、主动性和合作性，关注教学内容的开放性和生成性，关注教学主体之间的对话、交流与生成，关注教学场境的生动性和体验的深刻性。情思历史教学始终让师生处于平等对话状态，让课堂成为学堂，师生互相尊重"人是生命体"。

情思历史教学建立在新型、平等和谐的师生关系。教师尊重学生的主体地位，把教师的角色定位为学生的合作者、鼓励者和引导者，视自己既是学生的师长又是学生的学生，将学生由被动接受知识的地位，推向主动探究、主动获取、主动发展的前台。

情为思之基，思为情之魂。情思历史教学关注学生，遵循其心理和思维发展规律，关注人的情感和智力的生成，是有生命的教学。情感是"有生命的历史"的内核，如果失去了情感也就失去了历史教育的生命性。情思历史教学主张从"情"与"智"的生成和发展来凸显历史教育的价值和功能，以问题切入为教学突破口，借助于生动的历史情景，创设学生体验的历史情境场，让学生在体验中感悟；通过丰富的历史材料营造思维场，诱导学生在问题探究思维能力，提升历史认识，营养人生智慧。教师除了提出问题引导学生思考回答以培养其历史思维能力外，还要注重在情境中暗设悬念，制造矛盾，引导学生在情境体验"于无疑处寻疑，于有疑处解疑，化有疑为无疑"的奥妙，以历史质疑强化其发现问题能力，实现"情境场""思维场""教育场"与"发展场"完美结合。

历史是什么？汉朝许慎在《说文解字》中云："历，过也，传也。史，记事者也；从又持中，中，正也。"历史即是对过去的事情所做好的客观的记录。历史学科本身蕴含丰富的思想因子，挖掘思想主题，赋予历史教学主题立意的使命，能有效帮助学生构建思想、完善人格的职责，这也是情思历史起点与终点的和谐统一表现。

"史者，唯一人、口尔"，如何认识历史解释下的历史史实，如何让历史解释还原历史史实，均是一个"人、情、智"共生的过程、历史智慧生成的过程。情思历史课堂突出问题化、情境化、开放性，重视以境动情、以境促思、情智共生，追求课堂育人功能最大化。情境是方式，是途径，而情感和思维发展是目的，所以情思课堂就是要充分利用历史课程中蕴含的人文元素，挖掘其中的情感元素和因子，准确把握课程中的情感激发点，把情感教育作为贯穿历史教学的一条暗线，以丰富的历史情境营造富有思想感染力的历史场景，在景中怡情，让学生在深刻的历史体验中酝酿历史情感，在情境场中深受积极情绪的浸染，最终获得健康向上的学科思想素养，有效实现历史教学与学科核心素养、学生发展核心素养的结合。

概者，量米斗斛的器，可用以平之；论者，分析判断事物的道理或者分析阐明事物道理的文章、理论、言论或者有系统的主张。概论即以全部概括了的研究来综述或描述。《情思历史教学概论》分十章全面概述情思历史教学的整体线索和脉络，即情思之源、情思之本、情思之志、情思之策、情思之魂、情思之情、情思之思、情思之依、情思之鉴，即使一概而论，但不失课堂操作范式和课例指引，亦不失理论深度的描述，语言精炼，结构紧凑，文气连贯，逻辑严谨，不失为一本囊括历史学、教育学、心理学成果的好著作。